韓国古代史の正体

忘れられた史実の真相

卜 箕大 著／朴 美貞 訳

えにし書房

扉の写真は『登壇必究』の遼東地より北に70Km上がるところの現在の遼河と渾河付近　遼寧省鐵嶺市（106ページ図20-3参照）

カバー表の写真：遼寧省海城析木城石棚（ドルメン／ゴインドル）
カバー裏の写真：韓国国宝91号　陶製騎馬人物像
死者の魂を陸地と水路を通じてあの世に引き渡す呪術的な機能を有している。

序　文

　今年は高麗建国1100周年の節目の年である。
　何年か前筆者は思わぬことに、韓国の韓国研究財団が支援する、かつて朝鮮総督府で編修した『朝鮮史』の解題と研究の責任者を引き受けることになった。この事業が始まったきっかけは、韓国内で国民が学ぶ韓国史に問題提起があって、絶えず論争が行われてきたからである。大韓民国の正当性を過去の亡命政府の大韓民国臨時政府を主軸とし、彼らの対日抗争期に朝鮮総督府で編纂した『朝鮮史』が韓国史歪曲に起因するという意見であって、その論争は絶えず提起されてき。筆者は、数年間事業を進める中、その間気づかなかった新しい事実を確認できた。韓国内で、その間提起された歴史問題の幾つかは、まさに問題であることを知った。
　その問題とは、韓国史の少なくない事実を『朝鮮史』編修会に参加した日本人研究者が非常に巧妙に歪曲したことが次々と確認された点である。特に、歴史研究の基である歴史地理関連はどうしてここまで歪曲できたのか！　と思えるほどであった。日本人研究者は『朝鮮史』を非常に緻密に未来まで考慮して編纂したと考えられる。つまり、歴史学の本質を知ったうえで日本の立場を国内外的に正当化できる方向で『朝鮮史』を編纂したのである。彼らが朝鮮史を研究・編纂してから100年という歳月が流れた。その歳月を振り返ってみて、今後の方向を設定しなければならない。
　歴史が対外的に客観的であるためには歴史の実体性、すなわち年代と領域に対して具体的な範囲が設定されなければならない。さらに一歩進んで考古学が重視されるため、そのような証明が可能であれば申し分ない。考古学的に裏付けることができなければ、実体的な歴史として認められないのである。
　特に東アジア地域では、この地域を支配する特別な宗教がなかったという特殊性のために、各国は外交政策上、特に歴史的根拠を求める傾向にある。したがって東アジアの歴史研究は、非常に科学的でなければならない。そうでなければ、研究結果を信頼することもできず、また、そうした信頼できない研究結果が現実の国際政治に活用された場合、想定外の被害をもたらすこともありう

る。その代表的な被害国が韓国である。約100年前、朝鮮の歴史家たちは、朝鮮の歴史を正しく立て直そうと多くの努力をしていた。しかし、突然の、日本による朝鮮侵略と満州侵略の過程で日本の支配を正当化するための朝鮮史と満州地域史が研究され始めた。

　このような朝鮮史に関する歪曲した研究の始まりは1892年日本人研究者林泰輔（1854-1922）が主導したものであった。彼は日本語版の『朝鮮史』という著書を刊行した。この書物が、当時日本に来ていた諸外国の人々に読まれ、彼らはその内容に基づいて朝鮮を理解し始めた。しかし、この書は、著者が朝鮮の歴史をよく知らないまま記したり、あるいは歪曲した記述が多くある内容であった。一例は古朝鮮（あるいは檀君朝鮮）という国に関する内容である。彼は、古朝鮮は文献には存在するが実在は証明しにくいという方向へ導き、朝鮮史の出発点からしてその信頼性を低めるように叙述している。朝鮮史で最も多くの史料が残っている檀君に関連したことなのに何の理由でそのような判断をしたのか本当に理解できなかった。

　その後、多くの日本人研究者がこのような流れで朝鮮史を研究した。当時日本人研究者はいわゆる「実証主義」を歴史研究の要としていたが、全くそうではない方向で朝鮮史研究を行っていた。日本人歴史研究者たちは、朝鮮史研究を進める際に、何種類かの基準をつくり、朝鮮史を記述した。朝鮮史の研究方向を、主に、地域的には半島に限定する「半島史観」、年代的には2000年だけの歴史として、中国人の手によって建てられた国、外国の指導の下でしか生存できない国という設定の下で研究を進めた。

　中でも特に津田左右吉（1873-1961）は、半島史観を作る過程で「朝鮮の人々は嘘が上手だが、その代表的な人が高麗時代の徐熙である。そのような人々が作った歴史は信じることはできないので、私が再び朝鮮史を作る」という趣旨で、朝鮮の歴史地理に対する歪曲をした。彼らは事実が何かを知りながらもそうしたのである。

　そのように作られた朝鮮史は、朝鮮の人々の自らの正体性への自信を失わせ、日本の統治を進めるための基盤として使われた。朝鮮総督府主導の下で編纂された『朝鮮史』は、これを日本の一地方史として認識することで、日本の朝鮮統治の正当化のための対外政策の一つとすることが最大の目的であった。

　これとは反対に、朝鮮5千年の歴史を正面から研究し、多くの朝鮮人に正し

い歴史の理解を広めた学者も多くいた。いわゆる民族主義歴史学者に分類される、申采浩（1880-1936）、朴殷植（1859-1925）、鄭寅普（1893-？）、張道斌（1888-1963）らなどである。朝鮮人研究者の持っていた「歴史とは何か」に対する認識は、当時、全世界どこに出しても不足のない立派な歴史理論であった。彼らはその理論を基に朝鮮史の研究を進めた。特に1930年代、申采浩の「歴史とは何か？それは我と非我の闘争だ」という歴史の定義は、今でも誰もが認める歴史とは何かに対する定義である。彼らは歴史の事実と朝鮮民族の優秀性を根拠に、日本人研究者の見解に抵抗した。しかし、彼らの研究結果は、日本の統治下である制度的不利な状況により簡単には一般の人々に伝えられず、内部でのみ理解される場合が多かった。すでに日本によって歪曲された朝鮮史の理解が蔓延した現実の中で、その影響はわずかであった。半面、日本の研究結果は、日本の占領治下という社会条件によって、修正されることなく次第に広がった。

日本による朝鮮史に関する研究結果は、解放後の韓国現代史にも多くの影響を及ぼした。さらに今日の東北アジア国際社会にも多くの影響を及ぼしている。その代表的な例が中国の東北工程である。筆者はこのような状況を把握し、日本人研究者によって歪曲された歴史研究を正してこそ、東北アジアの国際情勢も正しくとらえられると考えている。

ある者はこのように言うだろう。日本人学者が歪曲したことがあるならば、あなた方が早く正せば良いことではないのか、と。この反問はその通りである。

ところで韓国は1945年光復（解放）になって、すぐに1950年南北戦争を体験した。その戦争の後遺症を収拾するのに10年余りという歳月を費やした。日本の占領期の時になかった教育機関を作って、70年代に入ってようやく教育機関が正常化し、その時、養成された人材が徐々に歴史を正している過程にある。その結果、多くの事実が正しく捉えられた。しかし、日本の学界はそのような事実を全く受け入れようとしない。日本人学者のそのような態度は、結局善隣関係を持続しなければならない両国国民に葛藤を生じさせるだけの結果となっている。

筆者はこの研究を進める中で、多くの史料を目にした。多くの論文を読み、また、多くの研究者と討論の過程をも経た。こうした過程を経て多くの史料を確保し、それを根拠に誤った記述の多くを正してきたが、本書ではその過程で明確になった、韓国史全体の柱になるいくつかの史実だけに絞って、まとめる

ことにした。もちろん、このような内容はすでに韓国で何回も発表を行い出版もしている。

　その内容は次に挙げる事例である。檀君が王であった古朝鮮問題、朝鮮人は他律的（受動的）に動くことを根拠とする、衛満朝鮮と漢四郡の位置問題、古代東北アジアの文化交流問題、半島史観の根拠として利用された高句麗の都の位置問題、そして高麗の国境線関連の問題、である。これらは朝鮮史を理解する上で最も重要な問題である。さらに東北アジアの古代と現代を理解できる基本的な話題でもある。本書は、こうした問題を理解した上で韓国史を読めば、韓国史の多くの疑問点を解くための貴重な資料となるだろう。

　上で述べたとおり今年は高麗の建国1100周年の年である。1897年大韓帝国の高宗皇帝は高麗がこの国の歴史で真の統一を成し遂げた国と言った。もちろん、筆者もまったく同感である。高宗皇帝が言及した統一高麗の国境線はいつからかなくなってしまった。この国境線を高麗建国1100周年となる今年に取り戻したい。そして高麗がしたように、現在の南北の統一も成し遂げなければならない。

　本書をまとめるに際して、より多くの資料を取りあげたかったが、様々な制約上、今回は韓国史の中でも最も重要問題を簡単に紹介する程度に留めざるを得なかった。もっとも、本書はあくまで学術研究の範疇を超えたものではなく、アカデミズムと一般書が重なり合う地点を目指したものである。今後機会があればより多くの史料を取り上げ、韓国史全体を理解する助けになるようにまとめあげたい。

　この過程で学術的に多くの協力をくださった仁荷大学校古朝鮮研究所金淵星所長をはじめ、尹漢宅教授、鄭泰相教授、沈揆夏教授、朴智暎教授、朴時賢教授、文盛哉教授朴成晤先生と研究員先生方々に感謝を申し上げる。なお、なお本書で取り上げている写真の多くは歴史写真作家全聖榮氏のご協力を得た。記してお礼申し上げる。社団法人韓国民族魂運動本部朴聖琪理事長、著者と日本側の間で本書の日本語版が実現できるように大変尽力してくださった李讚九教授、厳しい時間の中で本書のために全力を尽くして下さった朴美貞先生、えにし書房の塚田敬幸社長に無限の感謝を申し上げる。

　　　　　　　　　　　　　　　　　　　　　2018年11月　卜箕大

韓国古代史の正体　目次

序　文 ―――――――――――――――――――――――― 3

第1章　古朝鮮の真実 ――――――――――――――――― 11

Ⅰ　古朝鮮に関する時代別認識 ················· 11
  1. 三国時代の古朝鮮認識　13
  2. 高麗時代の古朝鮮に対する認識　13
  3. 朝鮮時代の檀君認識　14
  4. 近代における古朝鮮の認識　15
  5. 現代の古朝鮮認識　15

Ⅱ　古朝鮮の実体、年代と領域 ················· 16
  1. 古朝鮮の年代　16
  2. 古朝鮮の位置　17

Ⅲ　古朝鮮の国家形成と発展 ··················· 20
  1. 古朝鮮地域の自然環境　20
  2. 古朝鮮前期の文化圏　22
  3. 古朝鮮中期の文化圏　28
  4. 古朝鮮後期の文化圏　32

Ⅳ　古朝鮮の対外交流 ······················· 38
  　結　び　40

第2章　漢四郡 ―――――――――――――――――――― 45

Ⅰ　漢四郡理解の軌跡 ······················· 45

Ⅱ　チャイナ前漢中期の国際情勢と西漢の対応 ········ 48
  1. 前漢武帝の対匈奴政策の変化　48
  2. 前漢の対東域戦略の変化　51

Ⅲ　前漢の衛満朝鮮分裂工作……………………………………… 54
　　　　1．濊君の前漢帰属と滄海郡設置　54
　　Ⅳ　匈奴の位置と衛満朝鮮の位置………………………………… 56
　　　　1．現在の学界が認識する朝鮮の位置　57
　　　　2．文献記録上における匈奴の位置　59
　　Ⅴ　文献記録上の漢四郡の位置…………………………………… 63
　　　結　び　71

第3章　高句麗と都の変遷 ─────────────────── 75

　　Ⅰ　高句麗の都邑地に関する記録………………………………… 77
　　　　1．高句麗建国の都邑地──紇升骨城（卒本）　77
　　　　2．高句麗の二番目の都邑地──国内城　79
　　　　3．高句麗の三番目、五番目の都邑地──丸都城　84
　　　　4．高句麗の四番目の都邑地──平壌城　87
　　　　5．高句麗の六番目の都邑地──故国原王の黄城遷都　90
　　　　6．高句麗の七番目の都邑地──長壽王の平壌城　95
　　　　7．高句麗の八番目の都邑地──平原王の長安城　102
　　　結　び　108

第4章　古代東北アジアの交流 ───────────────── 117

　　Ⅰ　3世紀から5世紀までの東北アジア ………………………… 118
　　Ⅱ　遼西地域の主勢力……………………………………………… 121
　　Ⅲ　東北アジア文化の日本渡来…………………………………… 126
　　　結　び　127

第 5 章　高麗の国境に対する新しい比定 ──────── 133

　　Ⅰ　文献記録を根拠とした高麗の国境線………………… 135
　　　　1. 高麗西北境界に対する新しい認識　135
　　　　2. 文献に表れた高麗と遼国の国境　141
　　Ⅱ　高麗の東北境界に関する再認識……………………… 146
　　　　結　び　151

著者あとがき ──────────────────── 157

訳者あとがき ──────────────────── 161

人物索引／事項索引 ─────────────── 165

第1章　古朝鮮の真実

　一般的に韓国史を語る際に韓国史5千年という表現を用いる。しかし、実際の韓国史研究は、その大部分が約2500年を範疇に研究がなされている。その理由は、檀君が王であった古朝鮮という国を具体的に含まないからである。この古朝鮮が韓国史の研究領域から取り除かれた最も大きい理由は、その実体が不明瞭であるという理由からである。

　ところでこのような主張は太古の昔からあったわけではない。わずか100余年前の日本人研究者が主張してからのものである。[1]彼らの主張が、今日の韓国学界に継続され、その説をそのまま引き継いだのである。そのような主張が存続する理由として当時の日本人研究者たちの研究方法が実証主義を主張する立場であったこと、古朝鮮に関して実証的に糾明する過程でその実態が証明できないということが最も大きい原因であった。しかし、そのような主張は、古朝鮮に関する充分な根拠があるにもかかわらず、それを冷遇したため起きたことである。したがって、本文では、古朝鮮に関する文献的・考古学的根拠を基に古朝鮮の実態を明らかにしたい。

　筆者は、古朝鮮研究における上記のような状況を明らかにするため、粘り強く古朝鮮史に関心を持ち続けてきた。その結果、これまでの古朝鮮研究における問題点が確認でき、その実態と存在に関する真実に少し近づけたと思う。

Ⅰ　古朝鮮に関する時代別認識

　古朝鮮の建国と関連して最も具体的な記録が残されているのは『三国遺事』に伝えられる記録である。『三国遺事』に伝えられた記録の内容は『三国遺事』よりはるか以前の記録から持ってきたものである。その内容は次の通りである。

古朝鮮　王俭朝鮮

「『魏書』で言うには「今から2千年余りの前に檀君王俭があって、阿斯達に首都を定めた。国を開創して朝鮮と言い、中国夏国の堯王（B.C.2356-2255）と同じ時代である」

『古記』で言うには、「昔に桓因の庶子である桓雄が天下にしばしば関心を持って、人間の世の中を救おうと思った。父親が息子の意を知って、三危太白を見下ろしてみると、人間に広く利益を与えることができるので、これに対して、天符印三個を与えて、降って治めるようにした。雄が群れ三千を率いて、太伯山の頂上神檀樹の下に降りてきて、神市と言い、これに対し桓雄天王とした。風伯・雨師・雲師を率いて穀・命・病・刑・善悪などおよそ人間の三百余りのことを主管して世の中を治めて教化した。この時に熊一頭と虎一頭があって、同じ穴に住んで、常に神桓雄に祈るものの、化して人になることを望んだ。これに対し桓雄は、神聖なヨモギ一束とニンニク二十個を与えて言うこと、「君たちがこれを食べて、百日間日光を見なければ、まもなく人の姿になるはずである」といった。熊と虎はそれを受け、食べて、忌めること三七日ぶりに熊は女の身体になったが、虎は忌めることができず、人の身体にできなかった。熊女は婚姻する人がいなかったので、毎度壇樹の下で身ごもるようにと祈った。桓雄がこれに対し、しばらく人間に変わり、彼女と婚姻した。熊女が身ごもり息子を産んだので、檀君王俭とした。平壌城に首都を設け、朝鮮と言った。また、首都を白岳山阿斯達に移したが、弓忽山ともいい、または今弥達ともする。その後1500年の間国を治めた。周の虎王（武王）が即位した己卯に、箕子を朝鮮に封じるので、檀君はまもなく蔵唐京に移し、後に阿斯達に帰って来て、隠れて山神になったので、寿が1908歳であった」と、している。[2]

この記録には『魏書』という記録と『古記』という記録に載っている内容を根拠に話しているのが確認できる。この記録には、韓国という国の建国過程が非常に具体的に記録されている。特徴的なのは、紀元前2333年すなわち今から4350年に建国された国であることである。韓国が国を建国する時、天と直

接疎通し、すべての人々が一緒に良い暮らしをする弘益人間を根本として立てられた国であることが分かる。今まで多くの国が自国の建国を美化しているが、韓国のように天と直接疎通し、皆が一緒に良い暮らしをする国を作るために建国され伝説をもった国は皆無であると思われる。筆者の知る限り韓国が唯一である。

このような内容が韓国の歴史においては、どのように伝えられているのかが問題である。その伝承が最も重要なことである。

1. 三国時代の古朝鮮認識

韓国史で古朝鮮に対する最も早い記録は、『三国史記』「新羅本紀」に「新羅は本来、朝鮮の遺民」という記がある。その記述は短いとはいえ、その意味は非常に大きい。新羅が直ちに古朝鮮を受け継いだことを明記しているためである。「高句麗本紀」「東川王條」にも簡単に言及されている。「百済本紀」には、古朝鮮をたてた檀君関連の記録が最初から表れていないが、朝鮮英祖(1724-1776)の時『承政院日記』には、新羅と百済が古朝鮮の建国者である檀君に対し、1年に二回にかけて法事を行ったという記録が残っている。

高句麗が古朝鮮の後裔というのは『朝鮮王朝実録』『世宗実録』「地理志」記録にも登場する。また、伽耶は許皇后が自身を受け継ぐ息子を産む時、夢に檀君の象徴である熊の夢を見て息子を産んだとされる。このような事例などを考慮すると、東北アジアの古代史は、古朝鮮から出発して、高句麗はこれを継承して統合していく過程を明らかになる。高句麗はやはり古朝鮮の後裔であるということが分かる。高句麗、百済、新羅のすべてが古朝鮮と関連があって、自ら檀君の後裔であることを認識していた。

2. 高麗時代の古朝鮮に対する認識

高麗以前の時代は、檀君に対する認識が間欠的に残っているのに反して、高麗時代からは檀君に関する記録が具体的に伝えられている。『三国遺事』「紀異」の記録を見れば、古朝鮮は弘益人間を目標に天から降りた桓雄と、土地で

一番力強い熊が変身した女の間で生まれた人が建国した国である。この記録からすると、合理的・科学的な説明の有無を離れて、古朝鮮の建国に関する全般的な過程を理解することができる。

　李承休（1224-1300）の『帝王韻紀』では古朝鮮を始め、高麗までの韓国史の派閥を説明している。[6] 当時高麗人は高麗史の正統として古朝鮮を認識していたし、檀君が神になった経緯も説明している。権近（1352-1409）は『陽村先生文集』で倭寇の侵略などで、高麗が抱えた困難を克服するための呼び掛けの対象として檀君を讃えた。江華島、塹星壇に行って法事を行ったことを考慮すると、檀君は国祖として扱われていたようである。[7]

　朝鮮時代『承政院日記』英祖44年の記録によれば、高麗時代に檀君が非常に重要な人物であったため、顕然するものとは異なる『高麗史』に、檀君編があったものと推定される。[8] 高麗末期に新しい思想体系で注目されたのが、人が中心であるという思考を基本とする孟子の儒学と朱熹の性理学であった。新しい学問が普及して、神の摂理よりも人の関係がさらに重く認識され始めた。このような社会的雰囲気を背景に、檀君に対する認識は朝鮮時代に入って大きく変化した。

3. 朝鮮時代の檀君認識

　朝鮮時代に檀君は民族の始原として、相変わらず伝承されていたが、檀君と同じ地位、または高い位置で「箕子」という人物が登場し始めた。『東国史略』で檀君の存在は認められるが、歴史的に証明しにくい部分があるといった。このような認識は朝鮮時代にはずっと通用していた。

　『東国通鑑』は、檀君に対する具体的な記録を伝えている。今日、韓国で使われている古朝鮮の建国起源の年代は『東国通鑑』を根拠としている。ただし、檀君関連記録が韓国史で中枢的な役割をするというよりは、辺境に置かれる境遇に位置し始める。それにもかかわらず『朝鮮王朝実録』には、檀君関連記録が太祖から純宗まで数百回にかけて絶えず表れている。『朝鮮王朝実録』に記されている檀君は、まもなく国祖と認識されているが、そのような認識は朝鮮末期により一層固まった。

　檀君に対する認識は、朝鮮末期のいわゆる実学の時期に入り大きい変化が現

れた。『承政院日記』で英祖は檀君を、すなわち東方の天皇だと直接的に明示している⁽⁹⁾。檀君は東方で中国の天子よりもさらに高い地位を持っている人と認識されたが、献宗（1084-1097）は檀君がどのように誕生し、その位置付けがどれほどなのかを明らかにしている。

　李瀷（1681-1763）は『星湖僿説』で「朝鮮」という国号よりは「檀国」と呼ぶべきだと主張した⁽¹⁰⁾。このような認識は、当時「朝鮮学」を夢見る多くの学者に共通していた潮流を反映している。しかし実学者の夢はそんなに長く続かず、すぐに壊れてしまうのである。

4. 近代における古朝鮮の認識

　1897年「乙未事変」に続く「俄館播遷」の後、高宗（1852-1919）は慶運宮に戻って、国号を大韓帝国に変え、国体も新たな容貌で整え始めた。この時、高宗は大韓帝国の正統性を檀君に求めた。1897年に発表した頒詔文で高宗は、朝鮮で大韓帝国に国名を変え、その大義名分を朝鮮の先代歴史で求め、その開始を檀君とした⁽¹¹⁾。

　1910年日本帝国主義に国権を喪失した後、国民国家に切り替える時点でもう一度「檀君正統性」が注目された。国民国家建設のための主導勢力が宣言した1918年戊午独立宣言書の内容を見れば、これらは「檀君大皇朝が見守る」という大義名分を提示している⁽¹²⁾。

　このような認識は、1919年4月に宣言された大韓民国臨時政府にそのまま継承されるが、その代表的なものは国号で、もう一つは、この独立宣言書に署名した人々のほとんどが大韓民国臨時政府に参加したことである。檀君に対する認識は、1945年対日勝戦と、1948年政府樹立の時にもそのまま継続されている。

5. 現代の古朝鮮認識

　韓国史において檀君を代表とする古朝鮮は、建国以後、今日まで韓国人の意識世界で最も重要な地位を占めている。それにもかかわらず、外勢が侵入すると、古朝鮮認識は他意によって立ち止まっていたり、あるいは抹殺される状況

を体験してきた。1974年国定教科書体制が作られる前まで、国史は自律的に記述できたので、学者たちはどのような見解でも自身の意見を叙述でき、学ぶ人々は選んで学ぶことができた。しかし1974年歴史科目が国政で転換されてから、韓国の教科書で古朝鮮は神話的な内容として言及され、事実上歴史から消えてしまった。

II　古朝鮮の実体、年代と領域

1. 古朝鮮の年代

　古朝鮮に対する伝統時代の認識は、現代に入ってからは古朝鮮研究と関連した新しい状況とぶつかることになった。歴史は、対外的に客観的であるためには具体的な歴史の実体性、すなわち年代と領域に対する具体的な範囲が設定されるべきである。また、現代は考古学という学問が重視されるため、考古学的な証明が可能でなければならない。

　古朝鮮の建国年代に関しては、多くの見解があるが、概して文献に基づいたのと考古学的資料を根拠に設定したものがある。古朝鮮の建国に対して今まで残っている文献では『三国遺事』が最も早い。この記録を見れば、古朝鮮の建国年度は、中国の堯王と同じ時期であるという絶対年度が出てくることが分かる。

　『三国遺事』の記録によれば、今から4600年余りという説と、今から4300年余り前という二つの見解が記録されている。[13]『東国通鑑』の記録は、今から4300年余り前になっている。[14]中国側の記録に基づいて、今から2500余年前後として見る見解もある。一方、文献記録を完全に無視して、考古学的に朝鮮半島で青銅器時代が始まる時期を根拠として、今から3000年前頃で見る見解もある。

　このような多様な見解の中でも、韓国の学界で普遍的に提示されている、古朝鮮建国年代は『東国通鑑』に基づいて今から4300年余り前頃で、現在の韓国の「檀紀」の根拠になっている。

　韓国側の記録を調べると、古朝鮮が崩壊した年代ははっきりと残っていない。一般的に衛満朝鮮が滅亡した紀元前107年を古朝鮮の滅亡として推定する見解があるが、この事件は西漢と衛満朝鮮の戦争記録であって古朝鮮とは何の関係

もないのである。

　中国側の記録には、古朝鮮が衰退する記述がある。『三国志』「韓伝」に載っている記録は、概略紀元前4世紀から紀元前3世紀の間に起ったことである。この記録を見れば、古朝鮮は二回にかけて大きい打撃を受けたということがわかる。

　『世宗実録』「地理誌」平壌府、「檀君古記」の記録を見れば、沸流王（B.C.42 - B.C.19）、松譲が朱蒙（B.C.37-19）に会って交わした対話の中に、朱蒙は西側からきたし、松譲は海と近いところの国王といって松譲の先祖は仙人といった(15)。ここで海と近いところという場所は、今日の渤海近くにあったということである。この「仙人」は、ほぼ古朝鮮系をいう。それと共に地域的に渤海湾北岸地域を指すことから、衰退した古朝鮮が維持されたと見られる。この時期を見れば、紀元前1世紀頃なので、この時、衰退した古朝鮮の一国家である沸流国が高句麗に服属するのを見るができる。古朝鮮の建国年代と衰退時期に関して整理すれば、古朝鮮は紀元前2333年頃に建国され、紀元後3世紀頃まで存在していた国である(16)。

2. 古朝鮮の位置

古朝鮮の位置に関する見解は様々であるが、大きく
　①古朝鮮が今日の南満洲にあったという説
　②古朝鮮は今日の満州全体の地域と朝鮮半島を含む地域であるという説
　③今日の平壌を中心にした朝鮮半島中部地域にあったという説
　④満州地域にあったが、今日の朝鮮半島地域に移動したという説
等に区分できる。

　古朝鮮の位置に対する最も早い時期の韓国史料における記録は『三国史記』で確認できる。これは『三国史記』「東川王」21年の記録である。東川王が後漢との戦争で敗れた後、首都を桓都城から平壌に移したという事実である。『三国史記』には、この東川王が移した平壌は古朝鮮時代の首都であった所だと記録されている。

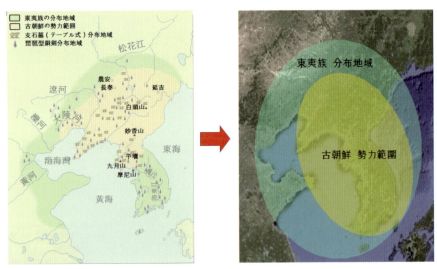

図1　古朝鮮の領域

『三国遺事』「紀異編」では、檀君王倹が建国した経緯を説明し、建国したところが平壌城であり、この平壌城は「今の西京」と説明している。ところで古朝鮮の位置に対し、高麗後期の李承休は『帝王韻紀』で、具体的に古朝鮮が「遼東」にあったと記している。この記録を見れば、古朝鮮が今の南満州に位置していたことが分かるが、具体的に「遼東」という地域を指している。平壌も現在の北朝鮮でない、満州地域で探さなければならないということである（図1）。

まず、古朝鮮があったという平壌の位置を確認しなければならないだろう。ここで言う平壌は高句麗時代の平壌のことを言う。この平壌の位置に関する記録は、中国系史料に多く登場する。したがって、先に中国系記録を確認してみる。

『旧唐書』の記録では、平壌の位置を「京師」すなわち唐の長安城から5100余里離れているとしているが、この距離は現在の中国遼寧省遼東半島付近と推定される。また『遼史』「地理志」には、遼国の東京は本来、古朝鮮の地であったとしているが、これは即ち高句麗の平壌城を言った。この地域は現在の中国遼寧省遼陽市である（図2）。

『元史』では、非常に具体的に平壌の変遷過程を説明している。元の国「東

第 1 章 古朝鮮の真実

図 2 『遼史』・『元史』に表れている古代平壌の位置

寧路」が本来、高句麗の平壌城であり、長安城というもので、こちらは、今の中国遼寧省遼陽市を示す[19]。また、高句麗の最後の莫離支であった淵南生の墓誌石には、淵南生（634-679）の出身地域が遼東郡平壌であると記録されている[20]。この記録は唐の時の考古学資料なので、唐の遼東郡は、現在の遼寧省中部と西部地域を指す。

中国側資料の中で、具体的に古朝鮮の位置を記しているのは『山海経』「海内経」の記録である。東海岸の北海の曲がり角は現在の渤海湾北岸のことを示しているが、この地域に朝鮮という国があるということである[21]。『山海経』「海内北経」では、朝鮮が燕国の東側にあって、海の北側にあると解釈することができる[22]。司馬遷（B.C.145-B.C.86）の『史記』「蘇秦列伝」では、燕の東側が今日の中国河北省昌黎県地域に達するとした[23]。

『山海経』、『史記』などで古朝鮮の位置は、現在の渤海湾北岸にあったことが確認でき、具体的に古朝鮮の西側は遅くとも紀元前 4 世紀頃までは、燕国と向き合っていたことが分かる。

そして、韓国の記録を見れば、朝鮮中期の崔溥（1454-1504）は、高句麗の平壌城は中国の遼寧省遼陽であったとしている。また、朴趾源（1737-1805）は、『熱河日記』で高句麗の平壌は、朝鮮半島の平壌ではなくて満州にあったと主

19

張した。これだけでなく、多くの人々が高句麗の平壌城は朝鮮半島の平壌ではなくて、中国の遼寧省にあったという主張をした。

このような資料等を見る限り古朝鮮の位置は、今日の中国、渤海湾北岸に位置していたことが分かる。

Ⅲ　古朝鮮の国家形成と発展

1.　古朝鮮地域の自然環境

筆者は、基本的な国家形成条件として、古朝鮮に再び光を当ててみる必要があると考えている。先述において、古朝鮮の建国年代は、紀元前2333年頃で、地域は南満州一帯であったことを確認した。では、その時期、その地域で人々がどのような社会を形成し、生きていたのであろう。このことに関しては、考古学で確認をなすべきである。現代の考古学は、過去とは違い、文化内容の結果より、人々が暮らせる文化形成の基本的な条件を先に確認する。したがって先立って南満洲地域の自然環境から調べてみなければならないだろう。

南満洲地域は、地理的に温帯と寒帯気候帯が交差する地域で、四季が明確な特徴を有している。また、同じ緯度・経度の地域に比べて、水原が豊富で、平野が広くて、穀物が十分に生産されて、草原地帯も発展し牧畜も可能で、渤海湾で海産物と塩を十分に得ることができる利点も持っている。そのため、はるか以前から人々が集まり住んで、早くから文化の発展が進んだ。

人々は自分たちが生きる環境により文化形態も変わる。そのため、同じ時期を生きても、地域により文化が違うこともある。特に大きい山が遮っていれば、山を境界とし、文化においても多くの違いが生じる。このような特徴は、南満洲一帯でもそっくり現れる。そのため、たとえ同じ時代といっても地域的に異なる文化として見ることができる。

気候的特徴では、四季が明確に区分されているが、季節ごとに瞬間々大幅の気象変化が頻繁に起こったりする。このため、予期しない病気が発生し、人口が大幅に減ったり、大規模に移住して、空間の空白現象が発生したりもする。

第1章　古朝鮮の真実

図3　古朝鮮の前期文化圏

図4　夏家店下層文化と分布地域

2. 古朝鮮前期の文化圏

　この地域の紀元前2500年頃には、気候が良くなって文化が隆盛することになった（図3）。

　この時に隆盛した文化としては、中国遼寧省遼西地域を「夏家店下層文化」[24]、遼東地域を「馬城子文化」[25]とする。また、遼東半島地域には大型支石墓（ドルメン、韓国語での表記は「ゴインドル・고인돌」）がたくさん分布している。この地域の共通の特徴は人口密度が高いことである。

　現在の遼西地域の夏家店下層文化は、当時人口密集度が非常に高かったことが推察できるが、内蒙古敖漢旗地域[26]は、現在よりも人口密度が高かった程に、多くの人々が生活していた跡がある（図4）。

　この人口は互いに遠く離れて住むのではなく、集団を成して生きていたが、この集団の規模は川にそって何キロメートルまで続く所もある。そうだとすると、当時にも場所によって何万人もの人口が集まって住んでいたことになる。

　当時の住居形態で見れば、多くの階層の差があった。人々は彼らだけの各区域を設定して、集団を成して生きていた[27]。遺跡の特徴を分類してみれば、身分が別けられた社会であったことを確認できる要素がたくさんある。例えば夏家店下層文化の人々は城を作って、主にその中で生活をした層と、城なしで平地に家を作って生活していた層で分けられる。家の大きさにも大きな差があり、墓もやはり大きな差があった。このようなことから見ると、当時はすでに階層分化がなされていたと考えられる。それだけでなく、専門的な祭祀が行われた祭祀遺跡も存在したものと推定される（図5、6）。

　このような階層分化の前提条件は、どのような形態であれ租税制度が存在していたから可能であったと思われる。

　古朝鮮社会は、農耕もしたものと見られる。そのために、農作業に適当な気候にしてほしいという意味で、多くの祭祀を行ったため、その遺跡がたくさん残っている。この時の天文観測（プラネタリウム）は、星を活用した1年の変化と、年を利用した一日の変化も測定が可能だったと推定される（図7）。

　それだけでなく、気候的な条件で緯度が高い地域は、大規模の草むらが形成

第 1 章　古朝鮮の真実

図 5　三座店石城

図 6　康家屯の祭祀遺跡

図7 三座点渦巻き模様の表示石

される。このような地域は農耕よりは牧畜経済が発展したであろう。こういう現象は、今でも内モンゴル地域でよく見ることができる。農耕地域と牧畜地域は生活環境が違うので、互いに補完的な交流があっただろう。当時は非常に発達した器が生産されたが、すでに5種類の色を使って作った彩絵陶もたくさん発見された。図8-12だけでなく単色で処理された器もたくさん発見され、これらの器は日常の容器ではなく、当時の人々の芸術品としての評価もできる。

また、この時期には同じ区域内だけでなく、周辺地域と多くの交流があったものとみられる。貨幣も利用されたことが確認できる。貨幣は貝で作ったもの、土で作ったものもある。当時の科学技術水準は、鉛で貨幣を作って、青銅で小さい器物から大きい器物まで作ることができる実力を有していた。それだけでなく、このような技術は、周辺地域の金属器を扱う技術より優れていたとみられる（図13）。

当時は音楽もすでに体系化されたようである。当時のものと確認された石磬には、一つの本体にいろいろな音を出せるように厚さが調整されたのが確認された（図14）。

第 1 章 古朝鮮の真実

図 8 彩絵鬲

図 9 筒型彩絵罐

図 10 彩絵壺

図 11 彩絵罐

図 12 馬城子文化の陶器

図 13 夏家店下層文化金属器（上下とも）

図14　石磬

　このような複合社会を維持するためには、いろいろな制度が運用されるだろうが、何よりも、なんらかの宗教が存在したものと見られる。実際に、現在の多くの遺跡中に、宗教的祭祀を行った跡が現れている。主に祭祀を行った跡は山の頂上の「되되・トェムェ」の形態として残っている。過去には、この形態を山城と解釈したりもしたが、城として見るにはとても小さいだけでなく、人々が生きにくくて山城の機能をした可能性が殆どない。むしろこの施設は、祭祀の場所として見ることが妥当である。もちろん祀った所は、必ず山にだけあるのではなかった。平地でも石で塀を作って祭祀を行った跡がある。
　先述した通り古朝鮮は、北方地域に位置するので、この地域は四季が明確で真夏と真冬の気温は両極端であった。夏は40度近く昇る時もあって、真冬は零下30度に下がる時もある。このような温度差を克服するには、そこに適した服を着なければならないのは当然である。それで非常に多様な服が存在したであろう。古朝鮮はすでに社会が多様に分化して、そこに適した服を作って生きていただろう。当時、服を作るために糸を抜いた遺物は、今でもたくさん残っている。当時織っていた麻織物が今でも残っていて、大変精巧に編まれている。

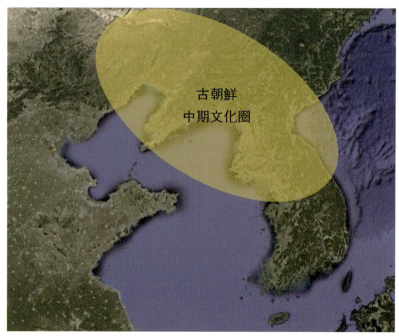

図 15　古朝鮮の中期文化圏

3. 古朝鮮中期の文化圏

　この時期は紀元前12~13世紀頃から紀元前4~5世紀頃までとみなされる。[28]
古朝鮮中期文化は、前期の中心地域である遼西地域から四方に広く拡大する。
すなわち古朝鮮の領域が非常に広くなる時期である（図15）。

　なにより周辺地域と多くの交流をなしていたことが確認される。その証拠と
して中国系の記録に登場するのを見ることができる。黄河流域の紀元前7世紀
頃の最大強国であった濟の国の記録に朝鮮という国と貿易をする記録が登場す
る。それだけでなく、西の方に山戎という勢力とも協定を結んだ記録も登場す
る。このように見ると、この時期は非常に強力な国家が維持されたことと推測
される。その証拠としては、非常に大きい規模の石槨墓が全地域ですべて築造
されたのを見ることができる。祭壇として用いられたとする支石墓が、東遼
地域で非常に大きく作られ始める。そして、この時代を象徴する遺物としては、

琵琶型銅剣と多紐細紋鏡、そして青銅鈴などが使われ始めた(29)（図16-19）。

　遼西や遼東地域で、琵琶型銅剣と青銅多鈕細紋鏡、そして扇型斧の場合、同じ系統が発見されている。この時期に入り、二つの地域は、金属を扱う技術的な部分が同じだということがわかる。一方では、琵琶型銅剣を作る技術はほとんど他の地域で流出しなかったが、山海関以南地域や朝鮮半島地域では、大変少ない数が発見されている。これは、当時このような青銅器を作る技術が最先端技術として、外部に流出させない重要事項として扱われたことが分かる。

　特に、青銅多鈕細紋鏡は、精密性に非常に優れて、科学史的にも重要である。何より、この鏡の使い道に注目する必要がある。おそらくこの鏡は、当時宗教的に太陽を崇拝する思想と関連するものと見られる。その基本形態が円形なのに加え、一部分はきれいに磨けば、つやつやと光を活用できるほどの姿をなしている。したがって、当時この鏡が、今日の光を利用して火を得る鏡のような役割をしていたのではないかと推定する。すなわち、当時の人々は太陽の光がこの鏡を通じて、火になって出る過程を見て神器と考えたのだろう。

　そして琵琶型銅剣は、主に大きい石槨墓で発見され、支石墓でも時々発見される。当時は上で述べた青銅器の他にも多くの青銅器があった。このような科学技術が古朝鮮を支える原動力になっていたと考えられる。

　遼東地域でも集団生活をしていた特徴はあちこちで散見できる。しかし遼東地域と遼西地域では差がある。遼東地域は主に山地が多くて、遼西地域は平地が多いので、人口数を比べると遼西地域がはるかに多い。しかし、遼東地域の人口密度も、巨大な支石墓の存在で推定できるのである(30)。現在まで残っている支石墓は多くはないが、以前には非常に多かったとされる。後に多くが解体され、現在はかなり減っているが、支石墓の規模で見る限り、遼東地域もやはり人口が多かったと推定できる。

　遼東地域の支石墓は、その多くが山中腹に残っている。大きいものは天井石が100トン以上になるほど巨大である。このような支石墓に関する考察はいくつかの側面から考慮してみなければならない。

　最初に、このような大きさの石をどのように運搬できたのだろうか？ という点である。支石墓の周辺でこうした大きな石を見ることができないなら、外部から持ってきたと見なければならない。そうだとすると、この石を動かすことができる人々が動員されなければならないだろう。

図 16　中国遼寧省出土琵琶型銅剣

図 17　韓国清道出土琵琶型銅剣

図 18　多鈕細紋鏡（遼寧省朝陽出土）

図 19　青銅鈴

第 1 章　古朝鮮の真実

図 20A　遼東半島の営口の石棚山の支石墓

図 20B　遼寧省海城析木城石棚（ドルメン／ゴインドル）

31

二番目、このような支石墓はお墓の性格もあるだろうが、もう一方では霊廟（祠堂）の性格もあっただろう。遼東地域では祠堂を中心に社会が形成され、生活していたのではないかという推測も可能である（図20）。
　三番目、石を扱う技術が優れていたという点である。支石墓ごとに差はあるが、ある支石墓は、大変精巧に磨いて表面がつやつやとするようにさせられたのもある。石を裁断する時から磨いてつやつやとするようにして、重さの重心を捉えて倒れないように建てるなどは、石を扱う技術が非常に優れていたことを表している。
　遼西地域と遼東地域の文化現象を比較してみる時、遼西地域では、支石墓が見られず、遼東地域だけで発見されることに対し疑問を持つことができる。しかし、その理由は簡単である。支石墓を作るためには、大きい石がなければならない。遼西地域は平地であるためそのような大きい石を得るのが難しい。反面、遼東地域は山が多く、岩も多くて大きい石を得られやすい。したがって遼西地域は大きい支石墓はないと考えるのが当然である。
　しかし、二つの地域とも石棺墓はたくさんある。遼西地域は小石が多いため、石棺の蓋石もいろいろな彫刻を施し、遼東地域は大きい石が多いので広い石を用いて蓋に覆ったのを見ることができる。このような特徴は、石を使って墓を作るという原則は同じだが、石を使う方法は異なると見なければならないだろう。
　このように古朝鮮の中期は、領土からしても非常に広い領土が広がっていて、文化的にも統一されていたと見ることができる。このような領域の拡張は、後に扶余、高句麗、百済、新羅等々の国々の基盤をなす地域となる。それだけでなく、科学技術の水準も高かったことから、周辺地域らと多くの交易をしながら富強な国になったと見られる。この時期は、後の東北アジアに広がる多様な韓国文化の原型が作られていたのではないかと推測できる。

4. 古朝鮮後期の文化圏

　古朝鮮の後期は、その中心地域が現在の中国、遼寧省の中、東部地域に移される（図21）。その理由は、燕国との戦争で敗れて、中心地であった西部地域が崩壊してしまったからである。燕国との戦争は、互いが王という主張をし合う最中に起きた。結局この戦争で古朝鮮は敗戦し、その結果古朝鮮の西側二千

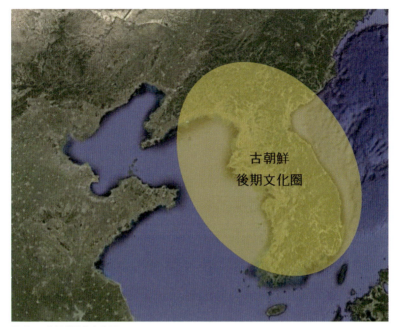

図21　古朝鮮後期文化圏

里余りを奪われる。それと共に、古朝鮮は現在の中国、遼寧省東部地域に中心地が移され、朝鮮半島地域へも大挙進出をすることになる。それだけでなく、この時期に多くの人々が日本の地域に移動することになる。

　現在の遼西地域の少なくない土塁は、紀元前5世紀以前に積まれたものがたくさんある。これらの城は、すなわち古朝鮮の時期に積まれたものと考えてもよい。この時の城は、主に平地で積んであげた土塁形態であった。この時期に入って、城は行政の中心地であったものとみなされる。したがって、城を構えて変乱で城を奪われれば、奪った人が城をそのまま使うのを見ることができる。支石墓も規模の小さいものが見られる。その原因はいくつかあるが、経済的な理由が最も大きく作用したと思われる。燕国に戦争で負ける前までは交易の範囲が広く、経済的に豊かであった。しかし、敗戦で中心地を奪われただけでなく、経済的に多くの困難を経験した結果、文化水準が中期より低い段階にまで後退したと見られる。

　古朝鮮の末期になると、居住地は主に低地から地上に上がってくる。地上に

図 22　本渓県出土多鈕細文鏡

中国本渓県出土

中国本渓出土

韓国和順郡出土

図 23　細型銅剣

第 1 章 古朝鮮の真実

図 24 青銅鈴

図 26 布銭、燕国貨幣（中国遼陽出土）

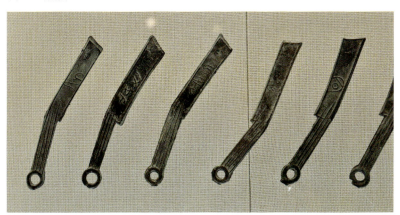

図 25 刀幣（遼寧省喀左県出土）

図 27 弥生文化吉野ヶ里出土細型銅剣

図 28　佐賀県葉山尻支石墓（上下とも）

図29　弥生文化吉野ヶ里遺跡全景（九州佐賀県）

建てられた当時の住居で現在残っているものは殆どない。こうした現象は、住居が地上に上がってくると普遍的現れる結果である。そのため、当時の社会を知るには、墳墓で発見される遺物を根拠としなければならない。

　墳墓は城の周辺にたくさんあると調査されている。墳墓は石棺墓と土坑墓が基本的である。今までの常識からすると石槨墓で多くの遺物が発見されていた。代表的な器物で細形銅剣、そして技術水準が落ちる多鈕細紋鏡の発見が続いている。それだけでなく貨幣が作られ使われていた。いわゆる「刀幣」というものである（図22~26）。

　古朝鮮は紀元前2世紀頃にほとんど崩壊する。古朝鮮が崩壊する時期に登場するのが扶余である。

　古朝鮮が崩壊に向かったのは何よりも経済的な理由が大きかった。先述したように、燕国との戦争で敗戦し、古朝鮮の中心地を失い、それに伴う経済力の弱体化は、必然的に内部分裂が起きる最も大きい原因になったと思われる。経済の弱体化により、結果的に経済的に自立が可能な単位で地域が再編されたが、その再編の単位が扶余、句麗、沸流、三韓、朝鮮半島、そして日本の九州地域

になっていたと考えられる（図27-29）。

　しかし、このように分裂した地域単位は、引き続き新しい統合という漠然とした希望を手放さなかった。それはすなわち高句麗の「多勿」精神と同じようなものであっただろう。

Ⅳ　古朝鮮の対外交流

　国家というのは、単独で存在することもできるが、ほとんどの場合周辺と交流をするはずである。そうした痕跡は、中国春秋時代斉国の宰相だった管夷吾（?-B.C.645）が書いたという『管子』によく現れている。ここには「發朝鮮」の文皮が大事な物品であったということ、そして燕国地域の玉が非常に珍奇な品であるという記録が登場する。このような記録から、紀元前8世紀頃に斉国と古朝鮮の間に貿易の取引が行われたことが推察できる。このような交易は、単にこの時期に現れ始めたことではなく、ずっと昔から行われていたと見なければならないだろう。

　以上のような可能性は、商代の甲骨文でも現れている。商代の甲骨文に、商の東北側に関心を示す記録が少なからずある。当時の甲骨文が主に発見される地域は、現在の中国、河南省、安養地域である。この地域は商代の首都であった「殷」の地域である。このエリアの東北といえば、すなわち古朝鮮地域であった。したがって甲骨文に現れる東北関連は、おそらく古朝鮮としてみなすことができるだろう。

　二つの地域間の物質文化交流に関する例としては、次の通りである。中国の代表的な紋様の中の一つが、饕餮紋である。この紋様は古朝鮮地域で始まったとされる。紀元前20世紀頃の黄河流域に、古朝鮮独特の饕餮紋が現れ、反対に古朝鮮地域で夏国文物が発見されるのを見ることができる[32]。また、古朝鮮地域では、玉を何種類か輸出したと思われる。黄河流域では夏、商の時期に入り、玉が少しずつ使われるのが見える。その基本的な彫刻手法は夏家店下層文化様式と類似した点が多くある。玉が二つの地域間の主な取引品目であった可能性も排除できない。また、痕跡が多く残されているわけではないが、鑢器で作られたものなどの場合、多くの交流があったと推測する。

図30　夏国の陶器

　古朝鮮地域で黄河流域の遺物もたくさん確認される。主に素焼きの土器が多く見られる。この素焼きの中であるものは、その技術水準から古朝鮮素焼きの土器を作るのに多くの影響を与えたことと類推できる（図30）。
　ある墳墓の区域内を見れば、別途の墳墓区域で黄河流域特徴を備えた墳墓が確認されたりもする。これはおそらく多くの人的交流の結果ではないか考える。
　当時の交流が、どのような形態で進んだのか正確には分からないが、明らかなことは、現代の交流概念と似ていたものと見られる。このような交流は、物物交流だけでなく人的交流、そして貨幣を通した交流も可能であっただろう。特に貨幣交流は、すでに古朝鮮地域や黄河流域で同じ種類の貨幣が現れることからも確認できる。これらの貨幣を媒介に交易をした可能性が高い。
　もしこれが事実である場合、遼西地域と黄河流域においては、直接の取引よりは中間交易をしていたと推定される。このような交易は、古朝鮮末期に入り、直接的に貨幣を使ったことで明らかになる。私達が知っている明刀錢がその例である。当時の交易は、非常に活発であったと考えられる。その例として衛満朝鮮は、中継貿易で富国を成し遂げたという記録もある。このような交流の中で、南部地域である西日本地域との交流もたくさん見える。これらの交流は、日本の弥生文化を誕生させるのに大きな影響を与えたことが、学界における統一見解である。

結 び

　以上で確認してきた通り、韓国史においての国家としての成立は古朝鮮が初めてである。古朝鮮に関する史料は多くあるが、具体的に国家に関する記録がなされてはいない。それだけでなく、現在まで、発見された文字ががないため、当時の詳しい生活像は分からない。しかし、考古学方面から考察すると、十分に説明が可能である。たとえ、簡単な記録であるにしてもそれを根拠に、そして考古学を根拠として古朝鮮の生活像と対外交流も推察できる。

　このような様々な証拠を用いた時、その間、学界の一部からは疑問が提された。しかし、その疑問には終止符を打たなければならない、すでに真実を示す多くの資料があるのだから。

　本文をまとめながら、次のようなことを考えていた。1910年代、日本はなぜ、檀君を韓国と日本の共通の祖先としたのであろうか？　そして、それほど時間が経たないうちに、日本はなぜ古朝鮮を歴史から排除したのだろうか？　日本が古朝鮮を排除してから東北アジアにおいては相互の間に悲劇が始まったのである。悔やまれることである。今こそ、古朝鮮を正しく知り、研究し、理解するならば、過去の傷が少しは癒されるのではないかと考える。

〈注〉
(1)　日本が古朝鮮の存在が荒唐無稽であると初めて主張したのは1800年代末からである。
　　　参照 林泰輔：『朝鮮史』、吉川七藏出版社、1892.
(2)　『三國遺事』「奇異」「檀君王儉」
　　　魏書云．乃往二千載有檀君王儉．立都阿斯達．開國號朝鮮．與高同時．古記云．昔有桓因 [謂帝釋也] 庶子桓雄．數意天下．貪求人世．父知子意．下視三危太伯可以弘益人間．乃授天符印三箇．遣往理之．雄率徒三千．降於太伯山頂神壇樹下．謂之神市．是謂桓雄天王也．將風伯雨師雲師．而主穀主命主病主刑主善惡．凡主人間三百六十餘事．在世理化．時有一熊一虎．同穴而居．常祈于神雄．願化爲人．時神遺靈艾一炷．蒜二十枚曰．爾輩食之．不見日光百日便得人形．熊虎得而食之忌三七日．熊得女身．虎不能忌．而不得人身．熊女者無與爲婚．故毎於壇樹下．呪願有孕．雄乃假化而婚之．孕生子．號曰檀君王儉．以唐高卽位五十年庚寅．都平壤城．始稱朝鮮．又移都於白岳山阿斯達．又名弓忽山．又今彌達．御國一千五百年．周虎王卽位己卯．封箕子於朝鮮．檀君乃移於藏唐京．後還隱於阿斯達爲山神．壽一千九百八歲．唐裵矩傳云．高麗本孤竹國．周以封箕子爲朝鮮．漢分置三郡．謂玄菟・樂浪・帶方．通典亦同此說．

(3) 『三國史記』券1「新羅本紀」第1
「始祖, 姓朴氏, 諱赫居世, 前漢孝宣帝五鳳元年甲子, 四月丙辰「一日正月十五日」, 卽位, 號居西干, 時年十三, 國號徐那伐 ・ 先是, 朝鮮遺民, 分居山谷之間爲六村.」

(4) 『承政院日記』英祖 47 年 10 月 7 日
上曰, 卿言是矣。注書出去知入, 新羅・百濟檀君祭享之月. 賤臣承命出來還奏曰, 一年兩次, 而二月・八月祭享云矣.

(5) 『朝鮮王朝實錄』「世宗實錄地理志」、平壤府
靈異,《檀君古記》云: 上帝桓因有庶子, 名雄, 意欲下化人間, 受天三印, 降太白山神檀樹下, 是爲檀雄天王. 令孫女飮藥成人身, 與檀樹神婚而生男, 名檀君, 立國號朝鮮. 朝鮮. 尸羅. 高禮. 南北沃沮. 東北扶餘. 濊與貊, 皆檀君之理. 檀君聘娶非西岬河伯之女生子, 曰夫婁, 是謂東扶餘王.

(6) 『帝王韻紀』卷下「前朝鮮紀」
本紀曰, 上帝桓因有庶子, 曰雄云云 謂曰 下至三危太白 弘益人間歟故 雄受天符印三箇 率鬼三千 而降太白山頂神檀樹下 是謂檀雄天王也云云 令孫女飮藥 成人身 與檀樹神婚而生男 名檀君 據朝鮮之域爲王 故 尸羅 高禮南北沃沮 東北扶餘 穢與貊 皆檀君之壽也 理一千三十八年 入阿斯達山 爲神 不死故也.

(7) 『陽村先生文集』卷之二十九、「塹城醮靑詞」
初獻 海上山高. 過隔人寰之繁擾. 壇中天近. 可邀仙馭之降臨. 薄奠斯陳. 明神如在.
二獻 酌行僚而再陳. 明信可薦. 驅冷風而先道. 感應孔昭. 庶借顧歆. 優加扶佑.
三獻 神聽不惑. 庇貺斯人. 天覆無私. 照臨下土. 事之以禮. 感而遂通. 切念摩利之山.
檀君攸祀. 自聖祖爲民立極. 俾纉舊以垂休. 曁後王避狄遷都. 亦賴玆而保本.
故我家守之不墜. 而小子承之益虔. 夫何倭寇之狗偸. 以致我民之魚爛. 雖遠疆之受侮.
尚所表聞. 呪厥邑之被侵. 胡然忍視. 豈明威之不驗. 實不德之無良. 是難他求. 唯在自責.
然人若不安其業. 則神將無所於歸. 玆因舊典之遵. 敢告當時之患. 卑忱欲欲. 寶鑑明明.
致令海不揚波. 且享梯航之輻湊. 天其申命. 光膺社稷之安盤.

(8) 『承政院日記』英祖 47 年 10 月 7 日
出榻敎 上曰, 宣傳官往鐘樓, 乞人摘奸以來, 上曰, 儒臣, 持高麗史初卷入侍. 出榻敎 副校理李秉鼎・李命勳進伏, 上曰, 上番讀帝王目錄. 秉鼎讀訖, 上曰, 下番讀檀君篇.

(9) 『承政院日記』英祖 8 年 1 月 11 日
上曰, 使宰臣致祭後, 仍爲看審狀聞可也. 擧條 上曰, 檀君, 實爲東方之天皇矣. 其祠宇, 亦安保其能修治耶? 欲爲遣近臣致祭, 入侍承宣, 其往擧行, 祠殿如不修廢, 亦爲申飭本道, 俾卽修治, 仍爲狀聞, 可也.

(10) 『星湖僿說』「人事門」
二字爲國號夷裔之俗東方禮儀文物始於華夏而此獨不變何哉扱箕子東封檀君之後遷都唐莊京唐莊在文化縣而惟稱檀君則檀是國號按通考檀弓出樂浪檀非造弓之木則而國號名之也.

(11) 高宗 36 卷、34 年(1897 丁酉／光武)1 年)10 月 13 日(陽曆)
奉天承運皇帝詔曰: 「朕惟檀、箕以來, 疆土分張, 各據一隅, 互相爭雄, 及高麗時, 呑竝馬韓、辰韓、弁韓, 是謂統合三韓. 及我太祖龍興之初, 輿圖以外, 拓地益廣. 北盡靺鞨之界, 而齒革檾絲出焉, 南收耽羅之國, 而橘柚海錯貢焉. 幅員四千里, 建一統之業. 禮樂法度, 祖述唐、虞, 山河鞏固, 垂裕我子孫萬世磐石之宗.

(12) 大韓獨立宣言書(いわゆる「戊午獨立宣言書」を 1919 年 2 月 1 日宣言す)
わが大韓同族兄弟姉妹と全世界友邦同胞よ！ わが大韓は完全な自主獨立と神聖な平等福利で

わが子孫黎民に代々に伝えるために、ここに異民族前提の虐待と抑圧［虐圧］を解脱して大韓民主の自立を宣言（布）する。わが大韓は昔からわが大韓で、異民族の韓ではなく、半万年史の内政治外交は、韓王韓帝の固有権限である。百万方里の高山麗水は韓男韓女の共有財産である。気骨文言が欧亜に優れたわが民族は十分に自国を擁護して、万国を和合して世界に共進する天民である。我が国の毛の先ほどの権限でも、異民族に譲歩する義務がなく、私たちの領土［韓一尺の土］でも、異民族が占有する権限がなく、我が国ひとりの韓人［韓一個の民］でも、異民族が干渉する条件がないから、私たちの韓は完全な韓（国）人の韓である。（中略）

これは私が大韓民族の時勢に応じて復活する窮極の意義である。あ！ 我々の心が同じで道徳が同じ［同心同徳］2千万兄弟姉妹よ！我々の檀君大皇祖が上帝に左右され、我々の機運を命じられて、世界と時代が私たちの福利を助ける。 定義は無敵の刃物であり、これで天に逆らう悪魔と国を盗む敵を一挙に倒そう。これで5千年朝廷の光輝を顕揚することであり、これで2千万民［赤子］の運命を切り開くことになる。 決起しなさい 独立軍！ 斉しなさい 独立軍！

天地で、（網）そもそも死［一死］は、人の免れないことである。すなわち、犬・豚とも同じ一生を誰が望むだろう。殺身成仁すれば2千万同胞と同体で復活することであろうに、一身をどうして惜しむことであろう。家が傾いても国が回復すれば［傾家復国］、3千里沃土が自家の所有となるため、一家を犠牲にしなさい！

あ！ 吾等の心が同じで、道徳が同じ2千万兄弟姉妹よ！ 国民本領を自覚した独立であることを記憶することであり、東洋平和を保障して、人類平等を実施するための自立であることを肝に銘じることであり、黄泉の命令を大きく敬って（祇奉）、一切の邪網から解脱する建国であることを確信して、肉弾血戦で独立を完成する。

建国起源4252年2月

김교헌（金教獻）김규식（金奎植）김동삼（金東三）김약연（金躍淵）김좌진（金佐鎭）김학만（金學滿）여준（呂準）유동열（柳東說）이광（李光）이대위（李大爲）이동녕（李東寧）이동휘（李東輝）이범윤（李範允）이봉우（李奉雨）이상룡（李相龍）이세영（李世永）이승만（李承晩）이시영（李始榮）이종탁（李鍾倬）이탁（李鐸）문창범（文昌範）박성태（朴性泰）박용만（朴容萬）박은식（朴殷植）박찬익（朴贊翼）손일민（孫一民）신정（申檉）신채호（申采浩）안정근（安定根）안창호（安昌浩）임방（林邦）윤세복（尹世復）조용은（趙鏞殷）조욱（曺煜）정재관（鄭在寬）최병학（崔炳學）한흥（韓興）허혁（許爀）황상규（黃尙奎）

(13) 『三國遺事』「奇異」

古記云 昔有桓因（謂帝釋也）庶子桓雄 數意天下 貪求人世 父知子意 下視三危太伯 可以弘益人間 乃授天符印三箇 遣往理之 雄率徒三千 降於太伯山頂（卽太伯今妙香山）神壇樹下 謂之神市 是謂桓雄天王也 將風伯雨師雲師 而主穀主命主病主刑主善惡 凡主人間三百六十餘事 在世理化 時有一熊一虎 同穴而居 常祈于神雄願化爲人 時神遺靈艾一炷 蒜二十枚曰 爾輩食之 不見日光百日 便得人形 熊虎得而食之 忌三七日 熊得女身 虎不能忌 而不得人身 熊女者無與爲婚 故毎於壇樹下 呪願有孕 雄乃假化而婚之 孕生子 號曰檀君王儉 以唐高卽位五十年庚寅（唐高卽位元年戊辰 則五十年丁巳 非庚寅也 疑其未實）都平壤城（今西京）始稱朝鮮 又移都於白岳山阿斯達 又名弓（一作方）忽山 又今彌達 御國一千五百年 周虎王卽位己卯 封箕子於朝鮮 檀君乃移藏唐京 後還隱於阿斯達 爲山神 壽一千九百八歲．

(14) 『東國通鑑』檀君朝鮮

東方初無君長，有神人降于檀木下，國人立爲君，是爲檀君，國號朝鮮，是唐堯戊辰歲也．初都平壤，後徙都白岳，至商．武丁八年乙未，入阿斯達山爲神．

第1章　古朝鮮の真実

[臣等按]《古紀》云:「檀君與堯並立於戊辰,歷虞,夏至商,武丁八年乙未,入阿斯達山爲神,享壽千四十八年.」此説可疑.今按,堯之立在上元甲子甲辰之歲,而檀君之立在後二十五年戊辰,則曰與堯並立者非也.自唐虞至于夏,商,世漸澆漓,人君享國久長者,不過五六十年,安有檀君獨壽千四十八年,以享一國乎.知其説之誣也.前輩以謂,其千四十八年者,乃檀氏傳世歷年之數,非檀君之壽也,此説有理.近世權近,入覲天庭,太祖,高皇帝,命近賦詩,以檀君爲題,近詩曰『傳世不知幾,歷年曾過千』帝覽而可之,時論亦以近之言爲是,姑存之以備後考.

(15) 『世宗實錄』「地理志」平壤府,「檀君古記」
比流王松讓出獵,見王容貌非常,引而與坐曰:「僻在海隅,未曾得見君子,今日邂逅,何其幸乎!君是何人,從何而至?」王曰:「寡人,天帝之孫,西國之王也.敢問君王繼誰之後?」讓曰:「予是仙人之後,累世爲王.今地方至小,不可分爲兩君.造國日淺,爲我附庸可乎」王曰:「寡人繼天之後,今王非神之冑,強號爲王,若不歸我,天必殛之. ----- 王曰:「以國業新造,未有鼓角威儀,沸流使者往來,我不能以王禮迎送,所以輕我也」從臣扶芬奴進曰:「臣爲大王,取沸流鼓角」王曰:「他國藏物,汝何取乎」對曰:「此天之與物,何爲不取乎?夫大王困於扶餘,誰謂大王能至於此! 今大王奮身於萬死,揚名於遼左,此天帝命而爲之,何事不成!」於是,扶芬奴三人往沸流,取鼓而來.

(16) 『三國志』「韓傳」
既僭號稱王,爲燕亡人衛滿所攻奪.
魏略曰:昔箕子之後朝鮮侯,見周衰,燕自尊爲王,欲東略地,朝鮮侯亦自稱爲王,欲興兵逆擊燕以尊周室.其大夫禮諫之,乃止.使禮西説燕,燕止之後子孫稍驕虐,燕乃遣將秦開攻其西方,取地二千餘里,至滿番汗爲界,朝鮮遂弱.及秦幷天下,使蒙恬築長城,到遼東.時朝鮮王否立,畏秦襲之,略服屬秦,不肯會.否死,其子準立.二十餘年而陳·項起,天下亂,燕·齊·趙民愁苦,稍稍亡往準,準乃置之於西方.及漢以盧綰爲燕王,朝鮮與燕界於浿水及綰反,入匈奴,燕人衛滿亡命,爲胡服,東度浿水,詣準降,説準求居西界,爲朝鮮藩屏.準信寵之,拜爲 賜以圭,封之百里,令守西邊.滿誘亡黨,衆稍多,乃詐遣人告準,言漢兵十道至,求入宿衛,遂還攻準.準與滿戰,不敵也.將其左右宮人走入海,居韓地自號韓王.
魏略曰:其子及親留在國者,因冒姓韓氏,準王海中,不與朝鮮相往來.其後絶滅,今韓人猶有奉其祭祀者.

(17) 『帝王韻紀』
遼東別有一乾坤 斗與中朝區以分 洪濤萬頃圍三面 於北有陸連如線 中方千里是朝鮮 江山形勝名敷天 耕 田鑿井禮義家 華人題作小中華

(18) 『遼史』「地理志」、東京道
「東京遼陽府,本朝鮮之地.周武王釋箕子囚,去之朝鮮,因以封之.作八條之教,尚禮義,富農桑,外戶不閉,人不爲盜.傳四十餘世,燕屬真番,朝鮮,始置吏,築障.秦屬遼東外徼.漢初,燕人滿王故空地.武帝元封三年,定朝鮮爲真番,臨屯,樂浪,玄菟四郡.後漢出入青,幽二州,遼東,玄菟二郡,沿革不常.漢末爲公孫度所據,傳子康.孫淵,自稱燕王,建元紹漢,魏滅之.晉陷高麗,後歸慕容垂;子寶,以勾麗王安爲平州牧居之.元魏太武遣使至其所居平壤城,遼東京本此.」

(19) 『元史』卷五十九 志 第十一「地理」二
東寧路,本高句驪平壤城,亦曰長安城.漢滅朝鮮,置樂浪,玄菟郡,此樂浪地也.晉義熙後,其王高麗始居平壤城.唐征高麗,拔平壤,其國東徙,在鴨綠水 之東南千餘里,非平壤之舊.

(20) 『淵男生墓誌銘』:
公姓泉諱男生字元德遼東郡平壤城人也原夫遠系本出於泉既託神以隤祉遂因生以命族

(21) 『山海經』「海內經」

東海之內，北海之隅，有國名曰 朝鮮天毒，其人水居，偎人愛之．
(22) 『山海經』「海內北經」
朝鮮在列陽東 海北山南 列陽屬燕．
(23) 『史記』「蘇秦列傳」第九
燕東有朝鮮遼東 北有林胡樓煩 西有雲中九原 南有嘑沱易水 地方二千餘里
(24) 卜箕大「遼西地域青銅器時代文化の歴史的理解」『檀君學研究』5、檀君學會、2001.
(25) 卜箕大「夏家店下層文化のいくつかの問題について」22『先史와 古代』韓國古代學會、2005.
(26) この文化は現在から 4500 年前頃から始まり、今から 3500 年頃までつながる文化である。4000 年前から 3600 年前の間に最古調に発展した文化である。
参照：卜箕大『遼西地域の青銅器時代文化研究』白山資料院、2002.
(27) 卜箕大「試論　住居遺蹟で見た夏家店下層文化の社會性格」『先と古代』29、韓國古代學會、2008.
(28) 卜箕大「夏家店上層文化 凌河文化比較研究」『先史と古代』20、韓國古代學會、2004.
(29) 卜箕大「遼西地域の古代剣に関して」『山學報』56、白山學會、2007.
(30) 河文植『古朝鮮の人々が眠った墓』周留城、2017.
(31) 卜箕大「遼西地域の古代剣に関して」『白山學報』56、白山學會、2007.
(32) 卜箕大「遼西地域青銅器時代の文化と黃河流域文化の関係」『古代にも韓流があった』知識産業社、2007.

第2章　漢四郡

　歴史を研究する中でも国境史の研究には、常に葛藤が付きまとうものである。その理由は、国境が時代状況によって変化するからである。東アジアにおいては、歴史的事実に基づいて国際関係を調整する例が多くある。中でも国境問題はなおさらである。このような観点から見る時、東北アジアにおける古代史研究の争点の一つとして、まさに紀元前108年に中国前漢の武帝が設置した〈楽浪郡〉、〈真蕃郡〉、〈臨屯郡〉、そして紀元前107年に設置された〈玄菟郡〉等の「漢四郡」が、どこに設置されていたのか、という点は重要である。これらの郡は、長く続かず、楽浪郡と玄菟郡のみ残ることになる。この漢四郡の位置がなぜ問題になって、どのようなことが争点であり、それがどのように活用されたのかは、古代史研究において非常に重要である。

　それは現在の韓国や中国の国境問題、そして日本を含んだ東北アジア国際関係においてもまずは、この漢四郡の位置問題が始まっているからである。このような決定において中国の東側国境線の役割をした地域、言い替えれば韓国の西側国境線に至るところがすなわち楽浪郡であった。そのため、楽浪郡の位置問題に関して多くの論議が行われているのである。

I　漢四郡理解の軌跡

　漢四郡の位置問題に対する論争は、ここ数年間に始まったことではない。この論議の核心は、まず韓国で始まった。それは朝鮮後期に突然、漢四郡が朝鮮半島平壌にあったという主張が提起されてからである。朝鮮前期まで遡っても漢四郡問題は、韓国史のどこにも提起されなかった。その理由は、漢四郡は朝鮮半島になかったからである。この問題は朝鮮後期から始まっている。英祖の

時から始まった朝鮮の歴史に対する関心は、多くの研究者を登場させた。この時、最も大きい役割をしたのは、韓百謙（1552-1615）、李瀷などの儒学者であった。これと同時に多くの研究者から様々な見解が提示された。当時の論争の主な主題は、一つ目に、檀君と箕子の存在と役割、二番目、高句麗の平壌の位置問題、三番目、楽浪郡の位置問題などであった。

　当時、このような論争の大きな方向は、檀君が国の祖宗で、平壌は清国の地にあって、楽浪は満洲地域にあったというのが大きな流れであった。しかし、一部の研究者が、それとは反対の主張をしていた。韓百謙、李瀷、丁若鏞（1762-1836）などである。なかでも丁若鏞は、彼の著書である『疆域考』の中で、朝鮮史の最大の功労者は箕子で、楽浪郡は朝鮮半島の平壌にあったことが確実であると主張した。当時、彼の主張は、一個人の主張に過ぎなかったが、こうした見解は、1890年代から日本人研究者によって引き継がれることになる。いわば新しい学問分野である考古学を用い、1910年代に至っては楽浪郡の「朝鮮半島の平壌説」は、ほとんど定説としての地位を確立することになる。ここで理解し難いことは、当時の日本人研究者は、漢四郡の位置に関連する記録をすべて検討していて、関連の遺物も中国、北京で購入するほど、その位置を確実に知っていながら、朝鮮半島の平壌という主張を固定させてしまったのである。しかし現在、このような主張とは違って、漢四郡は中国側の記録を根拠に、現在の中国河北省東北部地域であるとの主張がある。このような見解は、学界の少数の説ではあるが、ますますその理解の層が広まっている状況である（地図1・2参照）。

　このような論争の過程で、朝鮮の学者や日本の学者は、捏造に近いほどの大きな過ちを犯したが、その中でも、漢四郡に関連した中国の正史類の文献を検討しなかったことが大きい。中国の正史には、彼らが官吏を派遣し、税金をかき集めなければならず、軍隊を送る地域でもあったため、詳細に関連記録を残している。このような史料があるにもかかわらず、その史料を故意に研究していなかったことは、大きな誤りである。同時に、その研究結果は、信用し難く、後代の歴史研究も参考すべきではない。にもかかわらず、日本人学者の研究内容を土台とした後代の歴史研究は続き、その結果、漢四郡の位置に対して韓国の歴史学界は大きな葛藤に直面する。

　このような誤った研究過程（結果）は、朝鮮後期に漢四郡が初めて研究され

第 2 章　漢四郡

地図 1　文献記録による漢四郡の位置

地図 2　日本人研究者の主張による漢四郡の位置

た時期から、政治的な目的を達成するための性格を持っていた。現在においてもそのような政治的な影はずっと続いており、さらには、現在の東北アジアの国際情勢にも大きい影響を及ぼしているのである。

先述で見た通り漢四郡の位置論争は、3百年以上持続している。ところで、この二つの論争を検討してみると、二つの見解とも「楽浪郡がなぜ設置されたのか」、「どのように維持されたのか」という、歴史の全体的な流れを把握せず、特定の部分である位置問題だけを用い論争をしてきたことが特徴である。だから、漢四郡の位置問題を解くことができないのである。本文では、簡単にその問題を解いてみることにする。

Ⅱ　チャイナ前漢中期の国際情勢と西漢の対応

1.　前漢武帝の対匈奴政策の変化

紀元前141年、前漢の7代皇帝である武帝（B.C.156-B.C.87）が即位する。彼は紀元前141年から紀元前87年まで在位しながら、前漢の王朝だけでなく、全中国史において最も多くの影響（良い意味で）を及ぼした皇帝であった。特に彼は多くの領土を拡張して、中国歴史上初の「武帝」という名誉な称号を受けた。彼は在位して直ちに、その間の前漢が固く守ってきたいくつかの政策を変えた。

それは、今までおよそ百年に達する匈奴に屈服する政策から抜け出し、匈奴を攻撃してその根本を断つ政策に転換したことであった。彼のこのような決断は、前漢の対外政策を守勢から攻勢へと変える結果をもたらした。その準備段階として次のような政策が実施された。

一つ目に、道家中心の前漢を儒家に変え始めたことである。このような大変化のために董仲舒（B.C.176?-B.C.104?）のような儒学者を登用して、国家の考え方（イデオロギー）を変えるようにした。

二番目、桑弘羊（B.C.152?-B.C.80）という財政官を登用し、経済政策全般を管理させた。この職責は、五銖銭を直接鋳造して、告緡令を頒布して豪族の富の拡張を防ぐと同時に、均輸官と平準官を置き、政府が物資の流れを掌握する

ことができるようにした。代表的な措置としては鉄と塩、酒などを国家の専売品にすることなどであった。国家はこれを通じて莫大な利益を得た。このような措置は、地方勢力の成長を防ぐと同時に、匈奴との戦争のための国家財政の拡充という目的もあった。

　三番目、匈奴を除いた西域、南方、そして東方のいろいろな国々と外交関係を密接にして、周辺国から安全を保障されるようになった。武帝は、まず匈奴とつながっている西側地域を攻略し始めたが、その西側攻略政策の総括は、張騫（B.C.164‐B.C.114）が引き受けて進めた。張騫は多くの困難を乗り越え、西北方の多くの勢力が冒頓單于（B.C.234‐174）と紛争があったことを知り、これを巧妙に活用して少なくとも匈奴には同調させないようにした。それらの政策は、北方の匈奴を攻撃するのに大きな力になった。もちろん、東方にも同じ政策を用いた。当時、東方は前漢の燕から逃亡してきた衛満（生没年不詳）が、反逆に成功して彼の王朝を建てていた。それが衛満朝鮮であった。国王として周辺地域と良い関係を維持していた。衛満の勢力はますます大きくなっていった。ところが前漢ではこれに対して戦線をもう一つ作る余裕はなかった。そのため、先に外交関係を通じて衛満朝鮮を攻略しようとした。

　このような思想的、経済的、そして周辺勢力との安定した関係を基に、大規模な軍備を拡充して数代にかけた悩みの種であった匈奴を攻撃し始めた。武帝は、その間の歴史的な経験を見る限り、北方勢力は直接武力で制圧し、相応の措置を取ってこそ彼らは崩れるということを看破し、これに対する対策を立て始めたのである[11]。

　このように内外ともに準備を終えた武帝は、若い武将である霍去病（B.C.140?‐B.C.117）、衛青（B.C.?‐B.C.106）などを派遣して北方を攻撃し、多くの被害を受けながらも匈奴勢力を大挙北方に追い出した。その後、漢武帝はこれを記念して、年号を紀元前129年元朔にした。一時的にではあるが武帝は北方の匈奴の制圧に成功したのだった。

　前漢は、匈奴との戦争で初期には明らかに勝機を捉えた。しかし初期に捉えた勝機は続かなかったし、一進一退を繰り返していた。一方、この時期、匈奴は西側で前漢の軍隊に道を塞がれると、すぐにその方向を変え、東側から南下する道を選び始めた。そのいくつかの例を確認してみれば次の通りである[12]。

『自治統監』82、巻18 漢紀10 武帝圍光6年－元朔元年（128年）

①匈奴が上谷に侵入して官吏と民らを略奪して殺した。そして車騎将軍衛青を派遣し、裳谷から進むようにして、驍将軍公孫敖（生没年不詳）を代から進むようにし、軽車将軍公孫賀（B.C.?－B.C.91）を雲中から出発するようにして、暁驍将軍李広（B.C.?－B.C.119）を雁門から出発するようにし、それぞれ1万人の騎兵を率いて、匈奴の関市がある下まで攻撃した。衛青は龍城に着き匈奴の首をはねたり、捕虜として捕えたのが700人にもなった。公孫賀は何の成果も得ず、公孫敖は匈奴に敗れて7000人の騎兵を失い、李広もまた、匈奴に敗れた格好になった。匈奴は李広を生け捕りにし、二頭の馬の間に網をかけその上に横にして10余里を引っ張って行った。李広は死んだふりをして、隙をみて立ち上がり、匈奴の馬に乗っては弓を奪って馬にムチを入れ南へ逃げてきた。漢では、公孫敖と李広を獄檻へ入れ、斬刑に判決したが、彼らは代贖金を出して庶人になった。唯ひとり衛青だけに関内侯の爵位を下賜した。

無題元朔元年（癸丑、紀元前128）

②秋、匈奴の騎兵2万人が漢に侵入して、遼西の太守を殺して2000人余りを捕虜として捕えて行き、韓安国（生没年不詳）が駐留した城壁を包囲した。また漁陽と雁門にも侵入し、それぞれ1000人余りを殺して、捕虜として捕えて行った。韓安国はさらに東に移して北平に駐留していたが、数ヶ月後病気にかかって死んだ。天子は李広を再び呼び戻し、右北平の太守に任命した。匈奴は彼を指し「漢の飛将軍」と呼んで避けて、数年の間、右北平には到底侵入できなかった。

このような一連の記録等を見る限り、前漢と匈奴の戦争は、前漢初期に予想できなかった様相で流れていった。その中の一つが、戦争初期には西安の北側で戦争を行ったが、この戦線が東西の方向へと長く拡大し始めたことである。匈奴は彼らの中心地であった祁連山一帯を前漢の攻撃で失った後、軍隊をはじめとする全体的な組織の編成をし直さなければならない局面を迎えた。このような状況で西域との関係は、以前に比べてますます悪くなっていたので、東域に焦点を合わせ始めたのである。この地域は、東胡以来、西域よりは自然環境

が良くて、匈奴の不足した部分を満たすことができる所であるため、匈奴だけでなく、前漢の立場からも大変重要な地域であった。これによって、引き続き東域である上谷、漁陽、遼東地域を攻撃することへとつながった。

このような匈奴の政策は直ちに前漢の対外政策にも大きな影響を与えることになった。その最中、東側戦線を形成されて、前韓は虚を突かれる状況となった。こうなると、すぐに主力部隊を東に移動させざるを得ない状況へと展開し、全体的な戦況は新しい局面を迎えることになった。この局面において戦争初期には漢が優勢であったが、時間が経つにつれて戦争の規模は大きくなっていき、漢が必要とする軍備は日々大きくなっていた。

匈奴が居住する地域の特性上、長期的に前漢の軍隊が防御するには困難なことが多かった。その理由は、匈奴が居住する地域は果てしなく広がる草原地帯であるため、前漢の軍隊の攻撃を受けると、しばらく草原に後退すればそれだけで済んだためである。匈奴軍は後退しても、いつも草原で生活をしていたので、どこへ行こうが生活は可能であった。しかし前漢の軍隊はそうではなかった。まず、兵たちは昼夜の気温差が激しく、食べ物が不足した地域に、時々草原の遠くから駆け付けて攻撃する匈奴の軍隊に恐れ震えただろう[13]。

このように長期戦が持続すると、すぐに国内財政はますます疲弊し、全国から怨嗟の声が聞こえ始めた。するとすぐに武帝は軍備拡充と同時に匈奴に打撃を与えるために他の方法を講じ始めた。

2. 前漢の対東域戦略の変化

前漢は東北部地域が匈奴から攻撃を受け始めるとすぐに、東域に対して全面的に政策を変える必要があった。前漢が建国されて秦の時設置した国境線から南へ後退しながらできた空地に、衛満が国を建ててますます勢力を育て、箕準（B.C.254-B.C.222）の朝鮮まで併合しながら大国に成長した。このような衛満朝鮮と前漢は交易を通じて、互いに利益を得ながら大きな摩擦なしに過ごしていた。しかし、匈奴が突然東へ進出することで新しい局面を迎えることになったのである。このような状況が生じるとすぐに、前漢はこれに対して迅速な措置を取り始めた。

匈奴は彼らなりの多くの苦衷があっただろう。その苦衷は何よりも北に行けばいくほど水が不足しているということで、多くの人々が居住するためには、多くの水が必要なはずなのにますます水が枯渇していった。戦争以前には「関市」という貿易関係を形成し、彼らが必要な物資が供給されたが、悪化した外交関係によってこれは不可能であった。また、過去には漢から物資を補給されたが、前漢と戦争をしたため、食糧や塩などをはじめとする生活必需品から、金属などの武器に使われる物資まで深刻な打撃を受けざるを得なかった。

　このような問題は、長期間放置できる事案ではなかった。匈奴もまた、抱えている困難を解決しようと、前漢と良くない関係であった周辺勢力と力を合わせて再起を企てる可能性が十分にあった。ここで周辺勢力というのは、西域と東方の勢力であるが、西域はすでに張騫の執拗な工作によって、匈奴と関係が良くなくなって、かえって前漢と関係が良くなった。しかし、東方は必ずしもそうではなかったが、それは前漢のすぐ東に衛満の後裔たちがあったので、この勢力は前漢よりは東・西・北の勢力らと近い関係で、前漢を相手に貿易をして多くの利益を残して強い国になっていた。(14)

　しかもこの国の王朝、衛満は、本来、前漢の諸侯国であった燕の王盧綰（B.C.265－B.C.193）と密接な関係がある人である。盧綰が漢高祖に背を向けて、匈奴に亡命した後、(15)衛満は朝鮮に逃亡してきたのであった。(16)

　　　朝鮮の王衛満は本来燕国の人であった。当初燕は全盛期の時、真番と朝鮮を攻略し帰属させては、官吏を置いて辺境に要塞を築いた。秦が燕を滅亡させて、遼東の外側境界に帰属させた。漢が起きるとすぐに、そこは遠くて守りが難しく、再び遼東の過去の要塞を修理して、浿水に至って境界を定めて、燕に所属させた。 燕の王盧綰が裏切って匈奴に入ると、衛満は亡命して群衆千人余りを集めて魋結（髪を整えて結ぶ）し、蠻夷の服を着ては、東側の要塞を出て浿水を渡って、秦の昔の空地を占拠して、辺境を往来しながら次第に真番と朝鮮の蠻夷と（昔の燕と齊）の亡命者を服属させて彼らの王になって王険を首都とした。

　この時が紀元前195年頃である。このような衛満朝鮮が匈奴と力を合わせることで、前漢は非常に困惑する状況に陥った。この二人は他の地域でも王に

なったが、共通点は二人とも漢に戻ることは大変難しい立場であったことである。記録上で見る限り、衛満朝鮮と東胡は地域的に近い地域であったものとみられる。当時の勢力からすると、朝鮮よりは匈奴の勢力がはるかに大きかったものと見られる。このような国際情勢下で衛満はいろいろな地域と貿易をして、国力を増強させ、匈奴もやはりますます勢力を延ばし、紀元前160年頃には、前漢も手を出せない勢力に成長することになったのである。[17]

　丁度、孝恵、高后時を迎えて天下がようやく安定を取り戻すと、すぐに遼東太守は、直ちに衛満と外臣になり、要塞の外の蠻夷を保護して、辺境を侵さないことと、蛮夷の君長らが来ては天子に会おうとする時、禁止しないという約束をした。これを報告すると、天子が許諾し、これによって、衛満は軍隊の威勢と財物を得て、近くの小さい村を侵略して降服させるのに、真番と臨屯が来て服属することで、その土地が四方数千里に達した。息子に王位が受け継がれ、孫、右渠（B.C.?－B.C.108）に至り誘引した漢の亡命者がますます多くなって、また、入って来ても天子に会うこともなかった。真番から近いいろいろの国が文をあげて天子に会おうとするので、これも防いで、通じることができなかった。

しかし匈奴は、内部的な問題と対外的な問題が重なって、次第に勢力が弱くなった。これを克服するために結局周辺勢力と手を握ることになったのである。このような一連の状況は、衛満朝鮮から鉄や牛金などを供給されなければ、匈奴は再起できないという絶対絶命の課題であっただろう。また、衛満朝鮮もやはりますます大きくなる前漢の圧迫から抜け出すための方策で、匈奴とより距離を狭めて行く状況であったようだ。そうすれば、匈奴の武力で前漢を圧迫してこそ、蠻夷と衛満朝鮮らも独自の生存が可能だったのである。

　このような状況の中で、前漢は二つの目的を持って衛満朝鮮を攻撃する。一つ目に、「匈奴の左肩（腕）を切る」ということ、二つ目に、「周辺のいろいろな国々と貿易をする」ということがこれに該当する。[18]前漢の立場からは、当時、財政を担当した桑弘羊が莫大な戦費を賄うのと同時に、塩と鉄の取引を国家で管理する専売制度を施行して、前漢の経済の根本を揺さぶったのである。[19]

したがって、多かれ少なかれ国家財政を維持できる源泉を探さなければならなかった。このような二つの目的の中でも、匈奴の左肩（腕）を切るということがもっと大きい目的だったと考えられる。このような目標を立てた前漢は、段階的に衛満朝鮮を攻略するのであるが、その最初の目標が衛満朝鮮の分裂政策であった。

Ⅲ　前漢の衛満朝鮮分裂工作

1.　濊君の前漢帰属と滄海郡設置

　一方前漢の濊君政策で衛満朝鮮は、より一層前漢を遠ざけることになって、反面匈奴とは身近に接したであろう。結局、前漢の立場から見れば、衛満朝鮮は潜在的な敵として成長することになったのである。

　何よりも経済的に衛満朝鮮から安く供給されていた家畜を、簡単には受け取ることができない状況になっただろう。武帝以前には国境に設けられた「関市」という市場を通じて、交易を進めていたが双方間の戦争のせいで、この機能はまともに機能しなかっただろう。そして、北方で供給を受けていた安い値の物資を受けることができず、衛満朝鮮を通じて調達してもらっていたものが、滄海郡事件でこれさえも難しくなっただろう。その理由は、衛満朝鮮の立場からすれば、彼らが安く売った馬をはじめとする家畜が前漢に入れば戦争物資になって、衛満を攻撃するのに活用されるのは明らかなので、前と同じように自由には交易をできないようにしたのであろう。これは衛満朝鮮自体も、前漢と交易を縮小、ないしは中断したであろうが、その間、中継貿易の対象地域であった各地域も、やはり前漢との交易はかなり難しくなったと思う。そのような状況は、繰り返しになるが次のような記録から確認できる。[20]

　　息子に王位が受け継がれ、孫、右渠に至り誘引した漢の亡命者が多くなって、また、入ってきても天子にも会わなかった。真番から近い国々が文をあげて、天子に会おうとするので、これを、防いで通じることができなかった。

このような記録を見ると、前漢と衛満朝鮮の間は非常に仲が良くなかったことが分かる。もちろんこのような政策は前漢や衛満朝鮮の二つの地域にとって損害ではあるが、前漢はより大きな損害を受けたのである。前漢はこのような難局を解決するために、再び衛満朝鮮と対話に出る。このような方法は、張騫が西域を前漢の側に引き寄せる方式とほとんど似ている。この時、東域で張騫の役割をした人は「涉何」であった。武帝は涉何（生没年不詳）を派遣して朝鮮を説得しようとした。

　　元封２年、漢は涉何を通じて寓居を叱って自ら悟るように試みたが、ついに寓居は説得を受け入れなかった。涉何が別れを告げ、国境に至り浿水を前にしたとき、車を引く者が涉何を護送していた朝鮮の裨王、長を殺した。そして、すぐに馬を走らせて要塞に入り、帰って天子に「朝鮮の将帥を殺しました」と報告した。天子はその名分のために、叱ることなく、涉何を遼東の東部都尉に任命した。朝鮮は涉何を恨んで兵を挙げ、涉何を襲撃して殺した。

　しかし、涉何は、寓居を説得するのに失敗したうえ、帰路上、彼を警護していた朝鮮の官吏を殺したのち、武帝に彼が朝鮮の将帥を殺したと報告をしたのである。すなわち涉何は外交で失敗すると、すぐにその失敗を揉み消すために、なんの関係もない人を殺したのであった。このような状況で、武帝は涉何を遼東の東部都尉に任命した。寓居は涉何の蛮行を報復するために、軍を導いて遼東を攻撃する。前漢の外交的な努力による衛満朝鮮との関係改善は、結局失敗に終わったのである。

　前漢は外交を通した問題解決が不可能であることを悟って、衛満朝鮮との戦争を準備する。しかし、当時の前漢では兵が不足であったため、戦争経験のない囚人を寄せ集めた。(21)

　　天子は罪人を集めて朝鮮を攻撃した。その年の秋、楼船将軍、楊僕を派遣し、斎から出発して渤海を渡るようにして、兵士５万の左将軍、荀彘は遼東

を出て、寓居を攻撃した。寓居は軍隊を徴発して険しいところで対抗した。

　結局この戦争は妙な結果を生み出した。前漢では戦争の功臣がなく、戦争失敗者に対する責任だけあった。(22)ところで、思わぬことに衛満朝鮮は崩れ、この地域に漢3郡が設置されたのである。その翌年、前漢は再び北に進撃して、貊の地域と推定される地域を占領して玄菟郡を設置したのである。この玄菟郡に高句麗県が属するようにしたという。
　『後漢書』東夷列伝「高句麗」には、(23)

　　　武帝は朝鮮を滅亡させて高句麗を県にして、玄菟に属するようにしては、
　　　鼓と管楽器と楽工を下賜した。

　この記録を見ると、おそらく紀元前108年3郡を設置する時、この3郡のうち、中北部地域にあった場所に高句麗県を設置して、その翌年玄菟郡が設置されると、すぐにこの高句麗県を玄菟郡に移管したようである。こうして3年間の戦争を経て、漢四郡が設置され、(24)東域を前漢の版図の中に入れ、再び匈奴と戦争を進めることになった。前漢は衛満朝鮮を押し倒し、戦争に必要な物資を再び安価に供給させることで、前漢の経済を安定させることができた。結局、前漢は衛満朝鮮を押し倒すことによって、匈奴との戦争で有利な立場を得て、匈奴との関係を自分たちの意のままにできる踏み台を用意したのであった。

Ⅳ　匈奴の位置と衛満朝鮮の位置

　これまでに、私たちは前漢がなぜ漢四郡を設置したのか、に対する背景を調べてみた。これからは、漢四郡の位置を確認してみるべきである。このような過程に先立ち衛満朝鮮の位置が匈奴とお互い連結されるべき点を前提条件としなければならない。

第 2 章　漢四郡

地図 3　紀元前 2-1 世紀東北アジアの歴史認識地図（現行多数説）

1. 現在の学界が認識する朝鮮の位置

　現在の学界が認識している衛満朝鮮の位置は、衛満朝鮮が朝鮮半島の内部にあって、その西側に漢の遼東軍の勢力があって、次に西側には、匈奴が位置する構図である。(25) この構図を地図で表現してみると上の地図と同じである(26)（地図3参照）。

　上記の地図を見れば衛満朝鮮と匈奴の間に漢の勢力があるが、果たしてこの両国が力を合わせることができたかに関しては疑問が生じる。すなわち、匈奴と衛満朝鮮が力を合わせて貿易を進めるには、自由な往来が可能であるべきで、中間に前漢の遼東軍があるとするならば、それが不可能になるわけである。図のような形勢では、衛満朝鮮が匈奴の「左肩（腕）」になることができるのかという疑問が生じる。このような観点からは扶余が楽浪を攻撃する記録を確認してみなければならない。(27)

57

地図4　扶余の楽浪攻撃ルーツ推定図

　　安帝永初5年（西暦111）に至って扶余の王がいよいよ歩兵と騎兵7~8千人を率いて楽浪を攻撃して民たちを殺傷した。

　上記の記録は、後漢の時の情勢下で、扶余が楽浪を攻撃したことを表している。通常私たちは扶余の南側に高句麗があると理解している。であるなら扶余と楽浪の間の高句麗によって、扶余と楽浪は直接接触することはなく、仲も悪くならないはずである。そして、扶余が楽浪を攻撃しようとするなら高句麗を横切って攻撃しなければならない。果たしてこのような情況が可能なのかに対しては、大きな疑問を感じざるを得ない（地図4参照）。

2. 文献記録上における匈奴の位置

　ここで私たちは前漢が衛満朝鮮を攻撃した理由が、匈奴の「左肩（腕）」になるのを事前に防止するためのものと同時に、他の国との直接交易のための措置であったことを思い起こさなければならない。すなわち、匈奴と衛満朝鮮はとても近いか、もしくは隣接していなければならない。そうすることで肩や腕になるわけである。そうならば、まず匈奴の位置を先に確認してみなければならない。なぜなら衛満の位置に対しては、異見があるため、他に異見のない匈奴の位置を確認することが、より信頼性が大きいからである。

　匈奴位置に対する記録を検討する。匈奴の記録は、様々なものがあるが、最も早いのは司馬遷の『史記』の「匈奴列伝」である。この記録には、匈奴の祈願から始まり、漢の高祖劉邦（在位 B.C.202 〜 B.C.195）が白登山で包囲された事実、前漢の戦争記録などが詳しく記載されている。これに匈奴と東胡との関係も記載されている[28]。

　　　しかしこの時も冒頓はこのように話した。「他人の国と隣り合わせにしているのに、どうして女一人を惜しむことができるだろうか？　そして、いよいよ寵愛していた女性ひとりを選んで、東胡に送ってあげた。東胡は、より一層傲慢になって西側の匈奴の辺境を侵してきた。当時、東胡と匈奴の間には、１千余里にかけて誰も生きていない荒れ地が捨てられていた。双方はそれぞれ自分たちの辺境の地形にしたがって、そちらに守備警戒所を立てていた。

　この記録を見れば匈奴の中心地東胡の距離が千里という。これは大変重要な記録である。匈奴と東胡との関係は、表面的には東胡が優位にあると見られる。先述通り、東胡はたえず匈奴に自尊心を傷つけらるような要請をすると同時に、匈奴は東胡の要請をずっと聞き入れているのを見ることができる。東胡は馬と女性以外に、匈奴の土地まで要求する状況に達した。

　　　東胡はまた再び使者を送り冒頓に次のように伝えた。「匈奴と私たちが警戒している守備警戒所以外の荒れ地は匈奴としてはどうせ使い道のない

土地なので、私たちが持つことにする」。冒頓はこの問題に対して、左右の大臣たちに再び意見を聞いた。すると何人かが次のように話した。「その土地はどうせ捨てられた荒れ地です。与えても与えなくても良いと思います」。すると、冒頓は激怒して次のように話した。「土地は国の根本である。どうして彼らに譲り渡すことができるのか」。それから、与えても良いといった者すべてを斬首した。冒頓は、すぐさま馬に乗りあがって、国内に次のような命令を下した。「今回の戦から逃げる者は、その場で直ちに殺す」と。そして、ついに東の東胡を襲撃した。東胡は、初めから冒頓を見くびっており、匈奴に対する防備をほとんどしていなかった。冒頓は兵を率いて東胡を襲撃し、あっという間に東胡の軍を撃破した。その王を捉えて殺し、民らと家畜を奪った。そして本国へ凱旋した冒頓は、今回は西側の月支国を攻撃し撃破させて、南に楼煩王、白羊河南王などの領土を併呑した(29)。

　上記で見た通り、匈奴王は東胡を襲撃して、その土地を奪ってその場に匈奴左右賢王を置いた。それだけでなく、その勢いに乗って西からは月支、南は楼煩、白楊下までをすべて攻撃し、秦の時に奪われたすべての土地を取り戻した。この結果、一度匈奴は北方すべての勝者となった。

　ここで重要なのは、東胡の位置がどこかということである。これは東胡が冒頓に征伐され匈奴の左賢になったので、東胡の位置がすなわち匈奴の左賢になるからである。中国の学界では、東胡の位置に対して多くの研究がなされているわけではないが、過去にいくつかの説があった。1950年代末から60年代まで、匈奴または、東胡の東辺は今の遼寧省西部と吉林省中部地域まで至るという見解もあった。これは純粋な考古学的な見解であった。しかしそのような見解は、文献と考古学的な比較研究を通じておよそ根拠がないものとして結論が出されている(30)。

　その後、先述した吉林省地域と遼寧省地域の紀元前3世紀以前の遺跡、遺物は山戎でも東胡のものになれないということと、文献記録上、古朝鮮真番系という見解が提起されてから、次第に定説として固まった。現在は朝鮮、真番系ではなくても、東夷のことだという見解が提起されている状況である。このような説を総合してみれば、現在は、遼寧省西部地域は東胡ではないという結論

地図5　匈奴勢力の分布図

は、ほとんど大多数の学者が同意しているところである。

　こうした様々な説を総合してみると、東胡地域は、現在の内モンゴル赤峰地域だというのが一般的な見解である。(31)また、最近の考古学の発掘で、東胡の年代と文化的特徴が表れた遺跡が確認されている。この発掘に携わった研究者もやはり東胡として認めてる(32)(地図5参照)。

　では、赤峰地域から匈奴までの距離が千里の空地があるといったのだが、これに対する分析が必要である。

　筆者は赤峰から西側に呼和浩特を越えて、オルドスを通過して、甘粛省と寧夏回族自治区まで踏査をしたことがあった。この踏査で得た収穫の中の一つが、内蒙古赤峰市克什克騰旗の西方の、内モンゴル中部地域である集寧までの間には、半砂漠地帯が続いていて、主に草むらであって、この地域を流れる水がなく、人の生存が難しい地域であることが分かったことだ。筆者の踏査だけでなく、内モンゴルで調査した文物地図にも、この区域内には古代遺跡発見がとても少ないのを見ることができる。この地域は言葉どおり荒地であった可能性が高い地域で『史記』の記録と一致すると考えられる。すなわち、冒頓匈奴の勢力位置が現在の内モンゴル中部地域であったということも推測可能である。であるなら、この二つの地域はまさしく匈奴の領域内あるべきで、遼東郡の位置が東側であることを勘案すれば、現在の内モンゴル赤峰市南と見ることが妥当

なのである。

　先述の匈奴列伝に記録された冒頓匈奴時期の匈奴領域は、匈奴の経営のため、必要に応じて三ヵ所に分かれていた。中心勢力は、すぐに中原に出て行くことができる現在の内モンゴル中部地域に位置して、東側は東胡の過去の土地であった赤峰地域を中心にして、西側はやはり内モンゴル西側地域である甘粛性北部地域に中心を置いたと見られる。先述した通り匈奴の東側は、過去東胡の土地であり、筆者が説明した通りその地域は、現在の内モンゴル赤峰地域だと推定することが可能である。この領域を根拠に、匈奴の東側関係を確認してみなければならないだろう。匈奴の東側に関する記録は次の通り残っている。

　　すべての左方の王たちと将帥たちは東側に居住して、上谷郡から東に濊
　　貊や朝鮮と国境を合わせていた。(33)

　この考証に基づいて朝鮮と匈奴の国境を確認してみる必要がある。匈奴は東に朝鮮と濊貊と国境に接しているといった。この記録の通りならば、匈奴と朝鮮がすぐに隣接していなければならず、匈奴の東側が赤峰であるならば、朝鮮は赤峰と隣合わせていなければならない地域になる。それはまさに現在の中国、遼寧省西南部地域になるのである。同時に濊貊と隣り合わせであるという記録を残しているが、この記録から見る限り、濊貊は朝鮮の北側に位置していなければならないことになる。なぜなら東に濊貊と朝鮮が同じく繋がっているためである（地図6参照）。

　また、匈奴が要塞の中の遼東郡地域を攻撃したと見れば、遼東郡は長城の中にあるべきであるが、この遼東郡はまさに現在の中国、河北省東北部になる可能性が高い。そうすると衛満朝鮮の国境は、北では濊・貊と、西側では匈奴、そして南では遼東郡になるのである。

　地図6の内容のように、衛満朝鮮の位置は現在の中国、遼寧省西南部地域と比定した後、次の問題を解うべきである。

　先述した通り、前漢が衛満朝鮮を攻撃した最も大きい理由は、匈奴の左肩（腕）になることができるという危険性を排除するためであった。これらは、間もなく匈奴と衛満朝鮮が互いに自然に往来できる、互いが隣接して位置していたことを物語る。また、匈奴東部地域の「東胡王」であった盧綰は衛満と

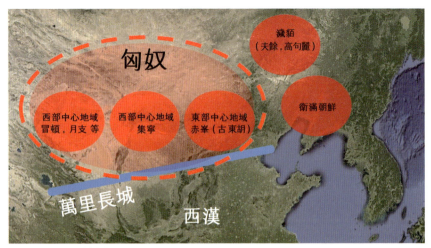

地図 6　匈奴と東側地域の関係図

同じく、前漢の燕から逃亡してきた間柄であったため、幾つかの同質性を持っていたことなど、これを基に徹底した同盟を構築した可能性がある。それだけでなく、衛満朝鮮は前漢から受けた物資を匈奴に売って大きな利益を得ることができ、匈奴の物を前漢に売って利益を得る中継貿易ができる位置にあった。

V　文献記録上の漢四郡の位置

　上記の中で漢四郡の設置背景に対して具体的に分析してみた。その結果、地図7と同じ推論が可能である。ならば漢四郡が設置された当時文献記録はどのように記録されているのか確認が必要である。

　次ページ以降の表1の記録は漢四郡が設置された当時の『史記』と『漢書』の記事である。

〈表1〉『史記』および『漢書』

『史記』

番号	出典	原文	日訳
1	列國分野	……燕地尾,箕之分野,召公封於燕,後三十六世與六國俱稱王,東有漁陽,右北平,遼西,遼東;西有上谷,代郡,鴈門;有涿郡之易,容城,范陽;北有新成,故安,涿縣,良郷,新昌及渤海之安次,樂浪,玄菟亦宜屬焉。……	燕の土地は尾星と箕星の分野である。武王が殷を平定して、召公を燕に封じた。その後、三十六世になって六国とともにすべて王と称した。東から漁陽、右北評、遼西、遼東があり、西には上谷、代郡、雁門があって、南には涿郡の易、容城、范陽を得て、北には新城、故安、涿県、良郷、新昌および勃海の安次を得るが、全て燕の部分である。楽浪、玄菟も当然属する。

『漢書』

番号	出典	原文	日訳
1	『漢書』巻六「武帝紀」第六	夏,朝鮮斬其王右渠降,以其地爲樂浪,臨屯,玄菟,真番郡.	夏、朝鮮がその王寅居を切り、降服したので、その土地を、楽浪、臨屯、玄菟、真番郡とした。
2	『漢書』巻二十六「天文志」第六	元封中,星孛于河戍,占曰:「南戍爲越門,北戍爲胡門.」其後漢兵擊拔朝鮮,以爲樂浪,玄菟郡.朝鮮在海中,越之象也;居北方,胡之域也.	元封年間に彗星が河戍に現れた。占うと「南では越門を守って、北では胡門を守れ。」と出た。その後、漢国兵士が朝鮮を攻略して樂浪、玄菟郡とした。朝鮮は海中にあり、越の形であり、北方に居るので胡の地域である。
3	『漢書』巻二十八下「地理志」第八下	樂浪郡,武帝元封三年開.莽曰樂鮮.屬幽州.戸六萬二千八百一十二,口四十萬六千七百四十八.有雲鄣.縣二十五:朝鮮,䛁邯,浿水,水西至增地入海.莽曰樂鮮亭.含資,帶水西至帶方入海.黏蟬,遂成,增地,莽曰增土.帶方,駟望,海冥,莽曰海桓.列口,長岑,屯有,昭明,南部都尉治.鏤方,提奚,渾彌,呑列,分黎山,列水所出,西至黏蟬入海,行八百二十里.東[目+施],不而,東部都尉治.蠶台,華麗,邪頭昧,前莫,夫租.	樂浪郡、漢武帝の元封三年に設置した。王莽は「樂鮮」といった。幽州に属する。六万二千八百十二戸、四万六千七百四十八人である。雲鄣がある。二十五県で朝鮮、䛁邯、浿水の水は西の方に増の土地に達して海へ入る。王莽は「樂鮮亭」といった。含資帶水の西側大方に達して海に入る。黏蟬、遂成、增地、王莽は增土とした。帶方、駟望、海冥、王莽は海桓といった。列口、長岑、屯有、昭明南部都尉の所である。鏤方、提奚、渾彌、呑列、分黎山を分けて、熱水が出るところで、西の方に黏蟬に達して海に入って、八百二十里を流れる。東暆、不而東部都尉の治所である。蠶台、華麗、邪頭昧、前莫、夫租である。
4	『漢書』巻二十八下「地理志」第八下	燕地,尾,箕分野也.武王定殷,封召公於燕,其後三十六世與六國俱稱王.東有漁陽,右北平,遼西,遼東,西有上谷,代郡,雁門,南得涿郡之易,容城,范陽,北新城,故安,涿縣,良郷,新昌,及勃海之安次,皆燕分也.樂浪,玄菟,亦宜屬焉.	燕の土地は尾星と箕星の分野である。武王が殷を平定して、召公を燕に封じた。その後、三十六世になって六国とともにすべて王と称した。東から漁陽、右北評、遼西、遼東があり、西には上谷、代郡、雁門があって、南には涿郡の易、容城、范陽を得て、北には新城、故安、涿県、良郷、新昌および勃海の安次を得るが、全て燕の部分である。楽浪、玄菟も当然属する。

第 2 章　漢四郡

5	『漢書』巻二十八下「地理志」第八下	玄菟,樂浪,武帝時置,皆朝鮮,濊貉,句驪蠻夷,殷道衰,箕子去之朝鮮,教其民以禮義,田蠶織作…樂浪海中有倭人,分爲百餘國,以歲時來獻見云.	玄菟,樂浪は武帝の時に設置されたが、全て朝鮮、濊貉、(高)句驪の蠻夷である。楽浪の海中に倭人がいて分けて百済国としたので、時ごとにきて献見したという。
6	『漢書』巻六十四下「列傳」〈嚴朱吾丘主父徐嚴終王賈傳〉	都内之錢貫朽而不可.乃探平城之事,錄冒頓以來數爲邊害,籍兵厲馬,因富民以攘服之.西連諸國至于安息,東過碣石以玄菟,樂浪爲郡,卻匈奴萬里,更起營塞,制南海以爲八郡.	都での徴税が腐敗のため不可能であるから、これに対し平城のことを探索して、自分勝手に記録して、整頓してきては、しばしば辺境の弊害になった。軍事を登録して馬を鍛練させて、人民を富裕にするために侵略して征服した。西側にいろいろな国に連接して、安息にまで達し、東の方へ碣石を越えて、玄菟・楽浪を郡とした。匈奴を万里まで追い払い、再び軍営の要塞を立てた。南海を制圧して八郡とした。
7	『漢書』巻七十三「列傳」〈韋賢傳〉	孝武皇帝愍中國罷勞無安寧之時,乃遣大將軍,驃騎,伏波,樓船之屬,南滅百粤,起七郡;北攘匈奴,降昆邪十萬之眾,置五屬國,起朔方,以奪其肥饒之地;東伐朝鮮,起玄菟,樂浪,以斷匈奴之左臂;	孝武皇帝は国内が疲弊して安らかな時がないのを心配して、これに対し大將軍驃騎・伏波、樓船等を派遣して、百粵を滅亡させて七郡を起した。北側では匈奴を追い払い、昆邪十万の群れを降服させた。五つの従属国を設置して、朔方を起こして、その肥沃な土地を奪取した。東側には朝鮮を征伐して、玄菟・楽浪を起こし、匈奴の左腕を断絶した。
8	『漢書』巻二十六「天文志」第六	元封中,星孛于河戍.占曰:「南戍爲越門,北戍爲胡門」其後漢兵擊拔朝鮮,以爲樂浪,玄菟郡.朝鮮在海中,越之象也;居北方,胡之域也.	元封年間に彗星が河戍に現れた。占うと「南では越門を守って、北では胡門を守れ。」と出た。その後、漢凶兵士が朝鮮を攻略して樂浪、玄菟郡とした。朝鮮は海中にあり、越の形であり、北方に居るので胡の地域である。
9	『漢書』巻二十八下「地理志」第八下	燕地,尾、箕分野也.武王定殷,封召公於燕,其後三十六世與六國俱稱王.東有漁陽,右北平,遼西,遼東,西有上谷,代郡,雁門,南得涿郡之易,容城,范陽,北新城,故安,涿縣,良鄉,新昌,及勃海之安次,皆燕分也.樂浪,玄菟,亦宜屬焉.	燕の土地は尾星と箕星の分野である。武王が殷を平定して、召公を燕に封じた。その後、三十六世になって六国とともにすべて王と称した。東から漁陽、右北評、遼西、遼東があり、西には上谷、代郡、雁門があって、南には涿郡の易、容城、范陽を得て、北には新城、故安、涿県、良郷、新昌および勃海の安次を得るが、全て燕の部分である。楽浪、玄菟も当然属する。
10	『漢書』巻九十九中〈王莽傳〉	其東出者,至玄菟,樂浪,高句驪,扶餘.	その東に出動したのは、玄菟、樂浪、高句驪、扶余であった。

〈表2〉『晋書』

番号	出典	原文	日訳
1	『晋書』巻十一「志」第一〈天文〉上	……尾,箕,燕,幽州：涼州入箕中十度,上谷入尾一度,漁陽入尾三度,右北平入尾七度,西河,上郡,北地,遼西東入尾十度,涿邵入尾十六度,渤海入箕一度,樂浪入箕三度,玄菟入箕六度,廣陽入箕九度.……	……尾・箕・燕・幽州：涼州は箕の中に十度入り、上谷は尾に一度入り、漁陽は尾に三度入り、右北平は尾に七度入り、西河・上郡・北地・遼西東は尾に十度入って、涿邵は尾に十六度入って、渤海は箕に一度入って、楽浪は箕に三度入り、玄菟は箕に三度入って、広陽は箕に九度入った。
2	『晋書』巻十四「志」第四〈地理〉上	幽州.案禹貢冀州之域,舜置十二牧,則其一也.周禮：「東北 日幽州.」春秋元命包云：「箕星 散為幽州,分為燕國.」言北方太陰,故以幽冥為號.武王定殷,封召公於燕,其後與六國倶稱王.及秦滅燕,以為漁陽,上谷,右北平,遼西,遼東五郡.漢高祖分上谷置涿郡.武帝置十三州,幽州依舊名不改.其後開東邊,置玄菟,樂浪等郡,亦皆屬焉.	幽州は、禹貢冀州の彊域を境界とする。舜が12牧を設置したので、その一つである。周礼で、東北を幽州するという。春秋元命包で言うには、箕星は散って幽州になり、分かれて燕国になるといった。北方が太陰であるから幽冥を称号としたことをいう。武王が殷を定めて、召公を燕に柵封した。その後六国ともに王と称した。秦が燕を滅亡させるに至り、それによって漁陽・上谷・右北平・遼西・遼東五郡とした。漢高祖が上谷を分割して、涿郡を設置し、武帝が十三州を設置したのであるが、幽州は以前の名称に基づいて改正しなかった。その後に東側辺境を切り開いて、玄菟・楽浪など郡を設置し、やはりすべて所属させた。
3	『晋書』巻十四「志」第四〈地理〉上	平州.案禹貢冀州之域,於周為幽州界,漢屬右北平郡.後漢末,公孫度自號平州牧.及其子康,康子文懿並擅據遼東,東夷九種 皆服事焉.魏置東夷校尉,居襄平,而分遼東,昌黎,玄菟,帶方,樂浪五郡為平州,後還合為幽州.及文懿滅後,有護東夷校尉,居襄平.咸寧二年十月,分昌黎,遼東,玄菟帶方,樂浪等國五置平州.統縣二十六,戶一萬八千一百.昌黎郡漢屬遼 東屬國都尉,魏置郡.統縣二,戶九百.	平州は、禹貢冀州の彊域を境界とする。周で幽州の境界になり、漢から右北平郡に所属させ、後漢末に公孫度が自ら平州牧と称した。その息子康、康の息子文懿に至り、遼東を自分勝手に占拠するので、東夷九種族[種]皆服従し仕えた。魏が東夷校尉を設置して、襄平に居たので、遼・昌黎・玄菟・帯方・楽浪五郡を分割して平州とした。後、再び統合して幽州とした。文懿が滅亡した後に、護東夷校尉があったが、襄平に居住した。咸寧二年十月に十月に、昌黎、遼東、玄菟、帯方、樂浪など郡国五を分割して平州を設置したが、統轄する県が二十六で、戸が一万八百であった。昌黎郡は漢が遼東に所属させ、国都尉に隷属させ、魏が郡を設置した。統括する県が二つで、戸が九百である。
4	『晋書』巻十四「志」第四〈地理〉上	襄平東夷校尉所居.汶居就樂就 安市 西安平 新昌 力城樂浪郡漢置.統縣六,戶三千七百.	襄平は東夷校尉が居住する所である。汶・居就・楽就・安市・西安平・新昌・力城・楽浪郡は漢が設置した。統轄する県が六、戸が七百である。

〈表3〉『魏書』

番号	出 典	原 文	日 訳
1	『魏書』巻四上「世祖紀」第四 上	詔平東將軍賀多羅攻文通帶方太守慕容玄於猴固．撫軍大將軍．永昌王健攻建德．驃騎大將軍．樂平王丕攻冀陽．皆拔之．虜獲生口．班賜將士各有差．九月乙卯．車駕西還．徙營丘．成周．遼東．樂浪．帶方．玄菟六郡民三萬家於幽州．開倉以賑之．	著書で平東将軍賀多羅が文通帯方太守慕容玄を猴固に攻撃させ、撫軍大将軍永昌王健が建徳を攻撃して、驃騎大将軍楽平王丕が冀陽を攻撃して、全部征伐した。捕獲した生口を壮士に分けてやったが、それぞれ差があった。九月乙卯に、御駕が西側へ帰還し、営丘・成周・遼東・楽浪・帯方・玄菟、六郡の住民三万家を幽州に移転させて、倉庫を開けて食糧を配った。
2	『魏書』巻五十五「列傳」第四十三〈遊明根〉，〈劉芳〉	遊明根，字志遠，廣平人也．祖，慕容熙樂浪太守．父幼，馮跋假廣平太守．和龍平，明根乃得歸鄉裏．遊雅稱薦之，世祖擢為中書學生．性貞慎寡欲，綜習經典．及恭宗監國，與公孫叡俱為主書	遊明根の字は志遠で、廣平の人である。祖父は慕容熙楽浪太守であった。父親は幼くて、馮跋が広平太守の臨時職（仮）を与えて、和龍が平安になり、命根がこれで故郷の村に戻れて、悠悠自適で端正なのでほめて推薦した。世祖が抜擢して中書学生にした。性品が静粛・慎重で欲が少なくて、経典を総合的に学習した。恭宗が国家を監督することになり、公孫叡とともに主書となった。
3	『魏書』巻九十七「列傳」第八十五〈島夷桓玄〉，〈海夷馮跋〉，〈島夷劉裕〉	延和元年．世祖親討之，文通嬰城固守．文通營丘，遼東，成周，樂浪，帶方，玄菟六郡皆降．世祖徙其三萬餘戶於幽州．	延和元年（四三二年）に世祖が自ら討伐したのであるが、文通が城門を堅く閉めて固守したが、文通の営丘・遼東・成周・楽浪・帯方・玄菟の六郡が皆降服した。世祖がその三万余の号を幽州へ移転した。
4	『魏書』巻一百六 上「地形志」二 上 第五	樂良郡前漢武帝置，二漢，晉曰樂浪．後改，罷．正光末復．治連城．領縣二戶二百一十九口一千八	楽良郡は前漢武帝が設置して、二つの漢、晋が楽浪といった。後に改正して廃止した。正光（五百二十～五百二十四）末に復旧した。治連城で治めた。領県が二つで、戸が二百十九であり、人口が一千八である。
5	『魏書』巻一百六上「地形志」二上 第五	樂良郡天平四年置．領縣一 戶四十九．口二百三 永樂興和二年置．	楽良郡は天平（五百三十七年）四年に設置した。領県が一、戸が四十九、人口が二百三十である。永楽（興和二年 五百四十年）二年に設置した。
6	『魏書』巻一百六 上「地形志」二 上 第五	樂良郡前漢武帝置，二漢，晉曰樂浪．後改，罷．連城．領縣二口一千八正光末復．治戶二百一十九	楽良郡は前漢武帝が設置して、二つの漢、晋が楽浪といった。後に改正して廃止した。正光（五百二十～五百二十四）末に復旧した。治連城で治めた。領県が二つで、戸が二百十九であり、人口が一千八である。

〈表4〉『北齊書』

番号	出 典	原 文	日 訳
1	『北齊書』巻七「帝紀」第七 武成 世祖	（大寧四年）二月甲寅，詔以新羅 國王金真興為使持節，東夷校尉，樂浪郡公，新羅王．壬申，以本年穀不登，禁酤酒．已卯，詔減百官食稟各有差．	（大寧四年）二月甲寅に、詔書で新羅国王金真興を使持節東夷校尉楽浪郡公新羅王とみなした。壬申に、この年に穀物が熟さないので酒の売買を禁じた。已卯に、百官の禄俸（食粟）を減少させることにそれぞれ差等があった。
2	『北齊書』巻八「帝紀」第八	（天統三年）六月己未，太上皇帝 詔封皇子仁幾為西河王，仁約為，樂浪王，仁儉為穎川王，仁雅為安樂王，仁統為丹陽王，仁謙為 東海王．	（天統三年　五百六十七年）六月己未に、太上皇帝が詔書で皇帝の息子仁幾を冊封して西河王とし、仁約を楽浪王とし、仁儉を穎川王とし、仁雅を安楽王とみなし、仁統を丹陽王にし、仁謙を東海王とした。

〈表5〉『北齊書』

番号	出 典	原 文	日 訳
1	『北史』巻二「魏本紀」第二	（延和元年）秋七月己巳，車駕至 和龍，穿塹以守之．是月，築東宮．九月乙卯，車駕西還．徙營 丘，成周，遼東，樂浪，帶方，玄菟六郡人三萬家於幽州，開倉以振之．	（延和元年　四百三十二年）秋七月の記事に、御駕が和龍に到着して塹壕を掘って守備した。今月、東宮を建築した。九月乙卯に、御駕が西の方に帰還した。営丘・成周・遼東・楽浪・帯方・玄菟六郡の住民三万家を幽州へ移転させ、倉庫を開いて食糧を分け与えた。
2	『北史』巻十二「隋本紀」下 第十二	（大業）八年春正月辛巳，大軍集於涿郡．以兵部尚書段文振為左候衛大將軍．壬午，下詔曰：第十一軍可沃沮道，第十二軍可樂浪道；右第一軍可黏蟬道，第二軍可含資道，第三軍可渾彌道，第四軍可臨屯道，第五軍可候城道，第六軍可提奚道，第七軍可踏頓道，第八軍可肅慎道，第九軍可碣石道，第十軍可東淬道，第十一軍可帶方道，第十二軍可襄平道．	（大業八年　六百十二年-）八年春正月辛巳に、大軍が涿郡に集結して、兵部尚書段文振を左候衛大将軍にした。壬午に、詔書を下し言うには、……第十一軍は沃沮道に適当で、第十二軍は楽浪道に適当である。右側第一軍は黏蟬道に適当で、第二軍は含資道に適当で、第三軍は渾弥道に適当で、第四軍は臨屯道に適当で、第五軍は候城道に適当で、第六軍は提奚道に適当で、第七軍は踏頓道に適当で、第八軍は粛慎道に適当で、第九軍は碣石道に適当で、第十軍は東道に適当で、第十一軍は帯方道に適当で、第十二軍は襄平道に適当である。
3	『北史』巻三十四「列傳」第二十二	……明根字志遠，雅從祖弟也．祖父，慕容熙樂浪太守．父幼，馮跋假廣平太守．……	明根は字が志遠で、雅従祖の弟である。祖父は慕容熙楽浪の太守である。父親は幼く、馮跋が広平太守臨時職［仮］を与えて……

番号	出 典	原 文	日 訳
4	『北史』巻七十八「列傳」第六十六	……趙才字孝才，張掖酒泉人也．祖隗，魏銀青光祿大夫、樂浪太守．父壽，周順政太守．……	趙才は字が孝才で、張掖酒泉の人である。祖父隗は、魏の銀青光禄大夫楽浪太守であり、父親寿は周の順政太守である。

〈表6〉『隋書』

番号	出 典	原 文	日 訳
1	『隋書』巻三十志第二十五「地理中」	……後魏置南營州，准營州置五郡十一縣：龍城、廣興、定荒屬昌黎郡；石城、廣都屬建德郡；襄平、新昌屬遼東；永樂屬樂浪郡；富平、帶方、永安屬營丘郡．後齊唯留昌黎一郡，領永樂、新昌二縣，餘並省．……柳城後魏置營州於和龍城，領建德、冀陽、昌黎、遼東、樂浪、營丘等郡，龍城、大興、永樂、帶方、定荒、石城、廣都、陽武、襄平、新昌、平剛、柳城、富平等縣．	後衛が南営州を設置して永住に準じて五軍十一県を設置した。龍城県、廣興県、定荒県は昌黎郡に属し、石城、廣都県は建徳郡に属して、襄平県、新昌県は遼東に属して、永楽県は楽浪に属し、富平県、帯方県、永安県は営丘郡に属した。後齊（北齊）では、ただ昌黎一郡のみを残し、永楽、新昌県の二つの県を治め、他は全部なくした。…柳城県は後魏で営州を和龍城に設置して、建徳郡、冀陽郡、昌黎郡、遼東郡、樂浪郡、営丘郡などを治め、龍城県、大興県、永楽県、帯方県、定荒県、石城県、廣都県、陽武県、襄平県、新昌県、平剛県、柳城県、富平県などを治めた。

　表1からは漢四郡の位置は、先述で考証した匈奴の西側と接しているのを見ることができる。そうすると匈奴の東側に漢四郡があるという結論が出てくる。次の記録は漢四郡が統廃合されて、楽浪郡と玄菟郡が残っている時の状況である。

　表2から表6までは後代の記録で、楽浪郡と玄菟郡がどこにあったのかを伝える記録である。この記録を見れば、先に確認した表1と大きな差がないことを確認できる。これらの表を見る限りでは、漢四郡の位置は、現在の中国、日本、韓国の学界で主張しているような朝鮮半島の平壌ではなく、中国河北省東北部と中国遼寧省西南部地域であると考えるのが妥当である[34]（地図7、8）。そしてある研究者は漢四郡が時代により朝鮮半島から中国側へと移り住んでいたとしているが、上記の記録等を見る限りではそのようなことがなかったということが分かる。

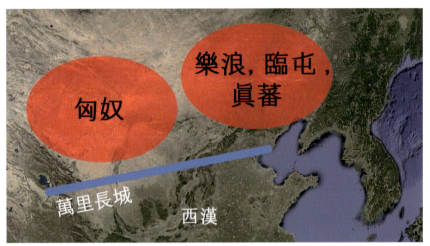

地図7　紀元前108年漢四郡設置図

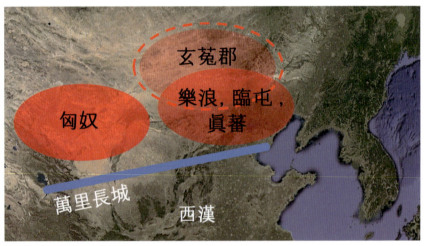

地図8　紀元前107年漢四郡設置図

結　び

　筆者は本文の中で漢四郡が設置された当時の状況と、その位置に関する文献記録を通じての分析を行った。漢四郡はチャイナ系の行政区域であった。楽浪郡関連資料は、チャイナ系の行政区域であったため、チャイナ系の史料を参考にしなければならなったのである。そのような原則に基づいて史料を確認してみた結果、各時代別に多くの史料があった。この史料を分析してみた結果、漢四郡は今日の中国、河北省東北部と遼寧省西南部にあったとのことが確認できた。

　それでは今まで考古学関連資料を根拠として、漢四郡が朝鮮半島あったという主張は、非常に誤ったものであったことがわかる。筆者はここで一つ指摘しておきたい。一般的に楽浪郡を研究する時、考古学資料を活用して朝鮮半島地域で楽浪遺物が出てくるので、そこを楽浪という。しかし、重要なことの一つは、文献記録が充分な時の考古学は、文献記録を補完する程度にならなければならないということである。[36]

　考古学が絶対的な解釈の根拠になるのは、むしろ文献資料がない時に必要とするものである。このような研究方法は全世界の考古学界が皆同意した上でその原則を基に歴史を研究している。ところで、唯一楽浪問題が出てくる時だけ文献の重要性は言及せず、すぐに考古学へ傾いてしまう。その理由は何だろうか。まさに、歴史を歪曲するための目的以外はないと考えられる。筆者は漢四郡関連のいくつかの論文を発表した。その結果は同じであった。これからは、漢四郡を本来の位置に置いたままで、東北アジアの古代史を研究しなければならないと考える。

〈注〉
(1)　この楽浪郡は紀元前108年に設置された後、行政区域で完全に消えるのは、中国の隋の時に至る。600年ほど存続していたと見られる。
(2)　卜箕大「東北アジアで漢四郡の国際政治的意味」『江原史学』28集、江原史学会、2016.PP28~48頁．
(3)　丁若鏞の著作は1811年の『疆域考』、1817年の『経世遺表』が代表的なものである。
(4)　平壌の位置問題は次の論文を参考として勧める。
　　　卜箕大「高句麗平壌位置関連記録の検討―日本学者の長壽王遷都説に対する再検討」『日本文化』第69集、韓国日本文化学会、2016.5.

(5) この問題は今、歴史論争の大主題と似ている。
(6) 日本人研究者も楽浪郡の位置を朝鮮半島の平壌に考証することに対し、非常に悩んだものとみられる。しかし、いかなる過程を経たのか明らかではないけれど平壌に固着され、今日まで続いている。
(7) 卜箕大「前漢の東域４郡の設置背景とその位置に関して」『人文科学研究』52号、江原大学校人文科学研究所。
(8) 財産税を出さないために財産申告をせず、少なく申告して財産税を少なく払おうとする税金忌避者を告発する法令で、今日の税金パパラッチのようなことである。
(9) 地方で税金を徴収して中央政府に必要な物品を供給する官吏のことをいう。
(10) 物価管理をしていた官吏で、安い時は買い入れて、高い時は売って利益を残すことを責任とする。
(11) 過去にも直接匈奴勢力を軍事的に懲らしめて遠くへ追い払ったが、征討軍が撤収をすれば直ちに匈奴勢力が回復する様相が繰り返された。そのため、漢の武帝は根本的な対策を立てようと思ったのである。
(12) 『資治通鑑』82,「券18漢紀10武帝元光6年 - 元朔元年」
世宗孝武皇帝上之下元光六年（壬子、B.C.129)
①匈奴入上谷．殺略吏民．遣車騎將軍衛青出上谷，騎將軍公孫敖出代，輕車將軍公孫賀出雲中，驍騎將軍李廣出 鴈門，各萬騎，擊胡關市下．衛青至龍城，得胡首虜七百人；公孫賀無所得；公孫敖爲胡所敗，亡七千騎；李廣亦 爲胡所敗．胡生得廣，置兩馬間，絡而盛臥，行十餘里，廣佯死，暫騰而上胡兒馬上，奪其弓，鞭馬南馳，遂得脫歸．漢下敖•廣吏，當斬，贖爲庶人；唯青賜爵關內侯．
②世宗孝武皇帝上之下元朔元年（癸丑、B.C.128)
秋，匈奴二萬騎入漢，殺遼西太守，略二千餘人，圍韓安國壁；又入漁陽•鴈門，各略千餘人．安國益東徙，屯 北平；數月，病死．天子乃復召李廣，拜爲 右北平太守．匈奴號曰「漢之飛將軍」，避之，數歲不敢入右北平．
(13) また、内地ではその間匈奴から安く入ってきた馬、牛、羊たちの供給が減って、経済的に難しいことを体験したとみられる。その理由は、草原では馬、牛、羊たちが放牧をして生産原価（production cost）がほとんどいらないが、中国内地では草よりも穀物を食べさせなければならなかったために、多くの費用が必要になる。そのため費用で見る時、獣値が暴騰する現象が起きたので、これは当時の経済に少なくない負担になっただろう。
(14) 『史記』「朝鮮列伝」が代表的である。韓国史ではこれを「衛満朝鮮」と呼ぶ。
(15) 『漢書』券1,「高帝記」下
盧綰與數千人居塞下候伺，幸上疾愈，自入謝．夏四月甲辰,帝崩于長樂宮．盧綰聞之，遂亡入匈奴．
「高調12年、盧綰は数千人と一緒に塞の下で事情をのぞき、幸い皇帝の病気が治れば自ら入城し謝罪しようとした。夏４月甲辰日、皇帝が長楽宮で崩御した。盧綰がこれを聞いてついに逃げて匈奴に入った。」
(16) 『史記』「朝鮮列伝」
朝鮮王滿者，故燕人也．自始全燕時嘗略屬真番，朝鮮，為置吏，築鄣塞．秦滅燕，屬遼東外徼．漢興，為其遠難守，複修遼東故塞，至浿水為界，屬燕．燕王盧綰反，入匈奴，滿亡命，聚黨千餘人，魋結蠻夷服而東走出塞，渡浿水，居秦故空地上下鄣，稍役屬真番、朝鮮蠻夷及故燕、齊亡命者王之，都王險．
(17) 『史記』「朝鮮列伝」
會孝恵，高后時天下初定，遼東太守即約滿為外臣，保塞外蠻夷，無使盜邊；諸蠻夷君長欲入見天

子，勿得禁止．以聞，上許之，以故滿得兵威財物侵降其旁小邑，真番，臨屯皆來服屬，方數千里．傳子至孫右渠，所誘漢亡人滋多，又未嘗入見；真番旁衆國欲上書見天子，又擁閼不通．

(18) 『漢書』「韋賢列伝」
孝武皇帝愍中國罷勞無安寧之時乃遣大將軍驃騎伏波樓船之屬南滅百奧起七郡北攘匈奴降昆邪十萬之衆置五屬國 起朔方以奪共肥饒之地東伐朝鮮起玄菟樂浪以斷匈奴之左臂'

(19) 国家で塩と鉄を専売という制度で管理し、それ以前には商人が彼らの利益のために高価で匈奴に供給した鉄や塩も効果的に遮断しただろう。このような政策は匈奴を瓦解させるのに大きな役割を果たしていたのではないかと推測する。

(20) 『史記』「朝鮮列伝」
傳子至孫右渠，所誘漢亡人滋多，又未嘗入見；真番旁衆國欲上書見天子，又擁閼不通．

(21) 戦争で囚人を参戦させる例は東西古今問わずある。しかしこのように全体戦争に参加する大規模の軍隊を囚人で構成するのは、前漢内部に深刻な問題があったということを語っている。この問題はまさに当時の前漢の能力ではもう正規軍を投じることができない状況になっていたためで、最も大きな問題は財政だったであろう。前漢はすでに財政的に内部で腐っていた。紀元前110年財政問題を総括する桑弘洋を煮殺すべきだという報告まであった程、国家財政はますます難しくなっていった。二番目は、正規軍はすでに対匈奴戦線に投入されていたため、何とかかき集めることができたのは囚人しかいなかったためではないか。こういう急な事情は、何よりもすでに衛氏朝鮮が前漢を攻撃したので、これを防御しなければならない状況になったからである。もし戦争が大きくなって衛氏朝鮮と匈奴が連合して攻撃をすれば前漢としてはより一層耐えがたい状況になるためである。

(22) 私たちがよく知っている司馬遷の『史記』「朝鮮列伝」というのは、古朝鮮の歴史を記録したのではなく、前漢が外交戦の失敗による戦争の勃発、そして戦争に参加した将帥たちが皇帝の令を破って、戦争で失敗した将帥に対する懲罰記録である。この記録は韓国史の古朝鮮を研究するのに参考として使えるだけであって絶対骨格として考えてはならない。

(23) 『後漢書』東夷列伝「高句麗」
武帝滅朝鮮，以高句驪爲縣，使屬玄菟，賜鼓吹伎人．

(24) 趙法鍾「衛満朝鮮の崩壊時点と王険城・楽浪郡の位置」『韓国史研究』110、韓国史研究会、2000.

(25) 現在、韓国、日本、中国の学界の大多数がこのような構図で認識しているため、いちいち具体的な説明はしない。

(26) しかしこれと反対である見解もあるが、この見解はほとんど現在の中国、河北省東北部地域と遼寧省西部地域で見ている。

(27) 『後漢書』巻85「東夷列伝」「夫餘伝」
至安帝永初五年夫余王始将步騎七八千人寇?楽浪殺傷吏民．

(28) 『史記』「匈奴列伝」
乃使使謂冒頓，欲得單于一閼氏．冒頓複問左右，左右皆怒曰：「東胡無道，乃求閼氏請擊之．」冒頓曰：「奈何 與人鄰國愛一女子乎」遂取所愛閼氏予東胡．東胡王愈益驕，西侵．與匈奴閒，中有棄地，莫居，千餘里，各居其邊 為甌脫．

(29) 『史記』「匈奴列伝」
東胡使使謂冒頓曰「匈奴所與我界甌脫外棄地，匈奴非能至也，吾欲有之．」冒頓問群臣，群臣或曰「此棄地，予之亦可，勿予亦可．」於是冒頓大怒曰「地者，國之本也，奈何予之」諸言予之者，

　　　　皆斬之．冒頓上馬，令國中有後 者斬，遂東襲撃東胡．東胡初軽冒頓，不為備．及冒頓以兵至，撃，
　　　　大破滅東胡王，而虜其民人及畜産．既帰，西撃 走月氏，南並樓煩、白羊河南王．
(30) 60年代までは朝陽十二臺榮子の墓も東胡のことという主張が提起されていた。それならこの地
　　　域も匈奴の地域にならなければならないことになる。
(31) 林澐・卜箕大訳『北方考古学論叢』学研文化史、2013．
(32) 内蒙古自治区文物考古研究所・吉林大学辺疆考古研究中心：王立新・塔拉・朱永剛，『林西井溝
　　　子―晩期青銅器時代墓地的発掘与党綜合研究』科学出版社、2010．
(33) 『史記』「匈奴列伝」
　　　　諸左方王将居東方，直上谷以往者、東接穢貉、朝鮮
(34) 卜箕大「漢四郡はどのように碣石で大同江まできたか？―漢四郡認識2」『仙道文化』第25冊、
　　　国学研究院、2018．
(35) 卜箕大「漢四郡の認識に関する研究1―「僑置」と「設置」に対する批判的検討を中心に」『モ
　　　ンゴル学』第49号、韓国モンゴル学会、2017．
(36) 卜箕大「臨屯太守章封泥を通じてみた漢四郡の位置」『白山学報』61号、白山学会、2001.12．

第3章　高句麗と都の変遷

　高句麗の歴史を記録した『三国史記』には高句麗の首都は全8ヵ所に記録されている。韓国の学界で高句麗の都邑地に関連した研究は高麗時代から行われてきた。当時は、高句麗の初の都邑地が高麗の境界内になかったため、遼国領域で探していたり、あるいは当時の高麗の領土にあったので、どこかで具体的な記録も残されたりもしていた。

　このように高句麗初の都の位置問題は、朝鮮時代に至ってもう一度話題となる。それは、当時、朝鮮の地の中で高句麗の都であった平壌を探せなかったからである。誠に驚くべきことであった。当時、世宗は、朝鮮の中で高句麗の平壌城を見つけ出せないと、高句麗の記念碑を高句麗の地であった平壌に建てるようにした。その後も、高句麗の平壌城に対する関心は、ずっと続いたが探し出せなかった。しかし、高句麗の歴史を記録した『三国史記』には、高句麗都の都邑地が8ヵ所であるとの記録が残されている。その内容を整理してみれば、表1の通りである。

〈表1〉『三国史記』に記録された高句麗遷都地域および年度

順	王	地　域	年　度
1代	鄒牟王1年	卒本	B.C. 37年
2代	琉璃王22年	国内城に遷都	A.D. 3年
10代	山上王13年	丸都	A.D. 209年
11代	東川王21年	平壌へ遷都	A.D. 247年
16代	故国原王12年8月	丸都山城	A.D. 342年
16代	故国原王13年7月	平壌東黄城（高麗時代西京木覓山）	A.D 343年
20代	長壽王15年	平壌	A.D 427年
25代	平原王28年	平壌、長安城	A.D 586年

このように記録されていた高句麗都地と関連した研究は、日本人研究者によって始まったと言っても過言ではない。それは白鳥庫吉（1865-1942）から始まるが、白鳥は高句麗の初めての都地を、今の中国遼寧省桓仁県に比定した。彼の主張は、現在までも継続しており、高句麗史研究の基準として固着化している。
　彼が桓仁を高句麗の初の都邑地として推定した根拠は次の通りである。一番目、中国前漢の楽浪郡が朝鮮半島の平壌にあったため、楽浪郡の北側のどこかにある玄菟郡で高句麗の初の都邑地がなければならなかった。二番目、吉林省集安県の高句麗の首都を高句麗の国内城に比定し、これに合わせてその西側にある場所を、高句麗の初の都邑地として比定したものである。
　三番目、地理的に川の西側山頂で国を建国したという記録を根拠として、今の五女山城に遺跡があるのを理由にここに比定した。

　このような白鳥の研究は、最近になってほとんど信じることができないという見解が、論文、あるいは口頭でずっと提起されている状況である。(2)それにもかかわらず、整備された高句麗の初の都邑地は、以後の高句麗研究に多大な影響を与えた。一つ重要な事実は、白鳥は高句麗の都邑地に関連した記録を丹念に読んだのにもかかわらず、桓仁を都邑地とするなり、あるいは集安が国内城だとして都邑地にしたことである。それだけでなく、多くの研究者は高句麗の平壌城が、朝鮮半島ではないことを知っていたにもかかわらず、朝鮮半島、平壌に比定したことである。このように比定された高句麗の都邑地は朝鮮史研究にこの上なく大きい被害を与えることになったのである。こうしたことから、筆者は、文献記録に出ているのを根拠として、高句麗の都邑地を確認してみたところ、過去の日本人研究者らが比定した高句麗の都邑地とは全く違うということが分かり、これを継続して発表した。その内容を、ここでもう一度整理し、未盡なところを再び確認してみようと思う。

Ⅰ　高句麗の都邑地に関する記録

1．高句麗建国の都邑地——紇升骨城（卒本）[3]

　まず最初に調べるべきことは、高句麗初の都邑地である紇升骨城の位置である。先述した通り、白鳥は紇升骨城を、今の「遼寧省桓仁県」と説明する。しかし、白鳥の研究は『三国史記』に記録されている内容を無視したまま、比定したという問題点がある。『三国史記』では、高句麗の卒本城（紇升骨城）は、遼国東京から西へ二日間の距離にあると説明する。

　　調べたところ『通典』で言うには、「朱蒙が漢の建昭2年（紀元前37年）に、北扶余から東南側に進んで、普述水を渡って紇升骨城に至り敷地を定めて、国号を句麗といって姓氏を「高」で定めた」と記していて、古記で言うには、「朱蒙が扶余から乱を逃れ、逃亡して卒本に至った」といったので、すなわち紇升骨城と卒本は同じ所である。『漢書志』で言うには、遼東郡は洛陽から3千6百余里離れていて、属した県の中の一つに無慮がある」とした。すなわち『周礼』で見られる、北鎮の医巫閭山であり、大遼の時にその下に医州を設置した。また玄菟郡は洛陽から東北へ4千里離れていて、属した県が三つであり、高句麗がその中の一つである」といった。いわゆる朱蒙が都邑を設けたとする紇升骨城と卒本は、おそらく漢の玄菟郡の境界で、大遼国の東京の西側であり、『漢志』でいわゆる玄菟郡の続県である高句麗がこれであろう。昔、大遼が滅亡しなかった時に、遼の皇帝が燕京にあって、私たちの招聘する使節が東京を過ぎて、遼水を渡って一日二日で医州に着き、燕薊に向かったことから、そうであったことが分かる。[4]

　この記録は『通典』、『漢書』、『古記』、『周礼』等の記述を根拠としながら、同時に、当時の遼国の状況を根拠に具体的に説明している。これらの説明では、高句麗の初の都邑地は、玄菟郡と密接な関係があるが、この玄菟郡の位置は、今の遼西地域東北端のどこかであるだろうという点が重要である。これは、

すなわち高句麗の都邑地もやはり遼西地域東北端一帯であることを示唆している。『三国史記』では、高句麗の都邑地がおそらく今の遼水を過ぎて1〜2日距離にある所であると推定した。

　この記録を見る限り、高句麗の初の都邑地である卒本城は、現在の「中国遼寧省錦州市」地域にあったということである。ただし、著者もやはり具体的な地名までは言及していない。遼寧省錦州市地域は、現在渤海と隣接しているが、この点を考慮して海と関連した初期高句麗の記録を確認してみる必要がある。

　　王が沸流水の中心に木の葉が流れくるのを見て、他の人が上流にいるのを知り、狩猟して訪ねて行って沸流国に到着した。その国の王、松讓が出てきて「寡人が海の奥深いところに寄り集まっていて、かつて君子を見ることができなかったのだが、今日互いに会ったので、また、幸運ではないのか。しかし、あなたがどこからきたのか知らない。」と言った。答えて言うこと「私は天帝の息子で某所にきて都邑地を設けたと」言った。(5)

この記録を見れば、松讓国が高句麗の北側にあるということが分かる。それにもかかわらず海を基準として松讓国の位置を説明している。すなわち、松讓国は高句麗の北側にあったが、ここでは海を基準にして彼らの位置を説明している。このことから、高句麗は松壤国より、海に近いところに位置しているのが分かる。次に琉璃王の時の記録である。

　　これに対し王が自ら言うことに「国を建てて日が浅く、民と兵力が弱いから形勢に合わせて恥を忍んで屈服して、後の成功を企てることが妥当である」と。これに対して何人かの臣下らと相談して「私は海辺にへばりついていて、いまだ儀礼を知らなかったのだが、今、大王の教えを受けてみたところ、あえて命令に従わないわけにはいきません」と回答した。(6)

　この記録もやはり初期の高句麗が海と関連があることを物語っている。ここで言う海は、現在の渤海や、もしくは当時は海のような地形が形成されていたと推定される今の遼東平野である可能性がある（図1参照）。

　しかし、今まで私たちが知っていた遼寧省桓仁県を首都と比定すれば、これ

第 3 章　高句麗と都の変遷

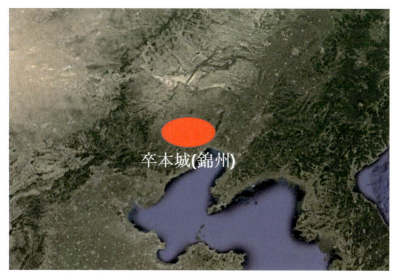

図1　『三国史記』を通してみた卒本の位置

らすべての記録が合わなくなる。最も大きい理由は、桓仁から海に出てくるには200‐300km程を移動しなければならない。この程度の距離を基準として地理を説明する事例はない。したがって、関連記録を丁寧に検討するならば、桓仁県を高句麗の都邑地として推定するには問題が多い。結論として、高句麗初期の都邑地は、金富軾（1075‐1151）が『三国史記』で推定した地域が正しい可能性が高い。その地域を表記してみれば図1の通りである。

2.　高句麗の二番目の都邑地——国内城

　高句麗は建国後40年ぶりに首都を移す。それは、琉璃王23年（紀元前3年）に、卒本から国内城に遷都をする過程である。(7)遷都の過程は釈然としない点があるが、その理由は次の史料に出ている。

　　21年（2）春3月に天に祀る際に供えの豚が逃げたので、王が生贄を担当している薛支（生没年不詳）に命じてこれを探させた。国内の尉那巌に至って捜し出した。国内の人の家に閉じ込め、これを育てるよう命じ、帰ってきて王にお目にかかって申し上げるに「臣に豚を追って国内の尉那

79

巌に至りました。その山水が深く険しくて、土地が五穀を育てるのに相応しく、また、馴鹿(トナカイ)、鹿、魚、紫羅がたくさん生産されるのを見ました。王がもし首都を移せば、単に民からの貢ぎ物が絶えないだけでなく、戦争の心配も免じるだけのことはあります。」とした(8)。

　この記録を根拠としてみれば、風水地理と経済的な問題を考慮して都邑地を探したと考えられるが、この地が正確にどこなのかに対しては疑問が生じる。現在の学界で多くが「中国、吉林省集安県」として国内城の位置を比定している。もちろん日本の白鳥と関野貞（1868-1935）の見解である。この見解に対し多くが同意しているが、集安県を高句麗国内城として説明するには問題がある。その問題は、上記史料の薛支が話した都邑地の特徴の中で、最も重要なのは五穀を育てるのに相応しいということなのに、現在の集安県にこれに該当しない。また、集安県を中心に四方を見渡しても農作物に適した平野は存在しない。

　これと共に薛支はいろいろな魚、トナカイ、鹿などが多いといった。集安県を流れる河川は鴨緑江で、ここで、魚は捉えることができるが、鹿やナカイの狩猟に対しては、深く考えてみる必要がある。集安を囲んでいる地域はほとんど急な山地である。この山地でトナカイが自生することは難しいと考える。トナカイは普通平地で生きる獣である。険しい山地にトナカイが多いというのは無理がある。自然環境を考慮してみる時、集安が高句麗の国内城とは言い難い。それなら国内城の位置はどこかということである。

　高句麗の国内城の位置に対する地理的な記録は、『三国史記』、杜佑（735-812）の『通典』と賈耽（730-805）の『古今郡国志』に載っている。そしてこれを補完する資料の中の一つが王寂（1128-1194）の『遼東行部志』である。私たちはこれらの記録を通して、国内城の位置を推定できる。まず『三国史記』の記録で確認する(9)。

　　朱蒙が紇升骨城に首都を建ててから40年が過ぎて、琉璃王22年に首都を国内城（あるいは言うには尉那巌城とも言い、あるいは不而城とも言う）に移した。『漢書』を調べたところ楽浪郡に属した県で不而があって、また総章2年に英国公李勣（594-669）が勅命を受け賜わり、高句麗のすべて

の城に都督部と州・県を設置したので、目録で言うには「鴨緑の北側ですでに降服した城が11ほどで、その中一つが国内城であり、平壌からこの城に至るまで17個の駅があった。」としたので、つまりこの城もやはり北朝境内にあったが、ただしそこがどこなのかを分からないだけである。

　この記録では琉璃王が遷都したところが国内城なのに、そこがどこなのかを知らずにいるというのである。それですべてを探してみたところ、楽浪郡の県の中「不而」があって、もしかするとそちらではないかと推定している。さらに高・唐の戦争で鴨緑北側の降服した城の中の一つが国内城ではないかという推定につながる。ここで確実なのは、国内城は鴨緑江の北側にあるということである。
　次に『通典』の記録を見てみよう。[10]

　　　馬紫水は鴨涤水とも言うが、東北靺鞨白山で源を発するが、水の色が鴨頭と同じなので鴨涤水という。遼東の方に500里行って、国内城南側を過ぎて他の水と合流する水が、つまり塩難水である。二つの水が合流して西南へ流れ、安平城に至って海に流れる。この川は高句麗で最も大きく、水の波がきれいである。渡り通るには大きい船を使う。かの国でこれを天然の要塞としている。川の幅は300歩にもなる。

　記録によれば、馬紫水は別名で鴨涤水である。水源は東北靺鞨白山で始まり、遼東へ5百里を流れて、国内城南側を過ぎ、西側から来る塩難水と合わさって、南へ流れて安平城に至り海に流れると記している。ここで重要な記述は、鴨涤水が国内城南に流れるということで、国内城は鴨涤江の北側に位置するということである。この記録を根拠として馬紫水の地理を考証してみれば、今の遼寧省北部地域で東から西南へ流れる清河がある。この清河はまさに昔の開元城の南側を過ぎて西の方に流れ、腰下と合流して渤海に流れることが確認される。であるならば馬紫水は、今の清河である可能性が非常に高い。
　次に賈耽の「道理記」を見てみよう。賈耽の「道理記」は『新唐書』に載っている内容である。

登州から東北側へ海に行って、大謝島、亀歆島、末島、烏湖島を過ぎて300里である。(中略)また登州で秦王石橋、麻田島、古寺島、得物島を過ぎて1,000里は鴨緑江唐恩浦口に達する。鴨緑江入り口で船に乗って100里余りを行って、すぐ小さい船に乗って東北側で30里を遡れば泊汋口に至るが、渤海の境界となる。再び500里を遡れば、丸都県城に達するが、過去の高句麗の王道（故高麗王都）である。再び東北側へ200里を遡ると神州に至る。また、陸地で400里を行けば、顕州に至るが、天宝の中に王が都邑地を設けた所である。また、正北あるいは正東側への600里は渤海王城に至る。[11]

この「道理記」の特徴は航路で通った内容を記録していることである。上記の内容中、注目しなければならないことは、すぐに船に乗って内陸に遡ることに鴨緑江に沿って行ったという部分である。この記録は、当時重要な都市は、船に乗って通ったことを間接的に説明している。

「道理記」には登州から出発する航路が出てくるが、登州から新羅に行く道と、そして登州からすぐに渤海に上がる航路がこれに該当する。登州で千里を行けば、鴨緑江の唐恩浦口が出てくる。ここから再び川を遡って100里を行けば、泊汋口が出てくる。ここで小さい船に乗り換えて30里を行けば、渤海の国境の中に入ることになる。ここで再び500里を上がれば桓都県省に達するので、過去の高句麗の王都だと記録されている。ここから航路で東北側へ200里を行けば、神州に至るが、船では、この神州まで行くとされている[12]（図2参照）。

賈耽が整理した道は、鴨渌江の航路である。まず、鴨緑江に対する説明が必要である。一般的に鴨緑江を語る際、古代から現在までの現鴨緑江を指すと考えられている。しかし、鴨緑江は約千年前から二つの鴨緑江が存在している[13]。
それ以前の鴨緑江は、現在の遼河であったので[14]、現在の遼河が古代の鴨渌江であったということは、文献記録にたくさん残っている[15]。
千年前の鴨渌江と推定される遼河は、1959年遼河の水路工事の時、河口を現在の遼寧省盤錦市へ向かうように変更した。その前までは遼河の河口は現在

第3章　高句麗と都の変遷

図2　「道理記」に記録された新羅、渤海王城に行く道

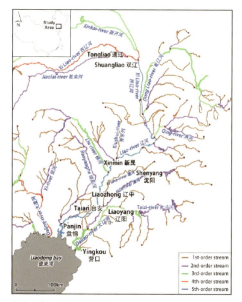

図3　遼河流域の河川図

の遼寧省営口港であった。営口港の河口は、常に水が多くて現在も大きい船が往来する。

現地の人の証言によれば、過去に営口港で船に乗り約100kmを上がってきて、小さい船に乗り換え、鉄嶺地域にも上がって、瀋陽東部地域に上がって、瀋陽に上がる方向を何kmかさらに行って、太子河に従って遼陽に上がったりもしたという。1980年代になってまでもこのような方法で瀋陽と遼陽を往来できたのである(16)（図3参照）。

高句麗時代の鴨緑江は、今の遼河として見ることができ、高句麗は航路の利用が可能な遼河を利用して、高い水準の経済力を育てることができた。今まで探ってみた内容の核心は、高句麗の二番目都の都邑地である国内城は、現在比定されている集安県ではなく、古代の鴨緑江である遼河の近くのどこかでなければならないということである(17)。

このような記録を根拠に、今まで国内城と関連した文献記録を確認してみた。文献記録を通じて確認される国内城の候補地は、現在の中国遼寧省開原、鉄嶺、そして吉林省四平市地域のどこかと推定される（図4参照）。この地域の自然地理は、東に低い山から高い山までまんべんなく分布して、この山々に連なって多くの水の流れが発達している。このような地理条件は、『三国史記』の内容通り五穀が豊かに育ち、各魚類、そして多くの野生動物が生息可能な場所である。

この地域の地理を見れば、水路を利用してすぐに海に入ることができ、東では陸路を通じて瀋陽と遼陽、そして朝鮮半島に行くのに最も便利な位置である。また、西南に進めば、すぐに現在の遼西地域に進出でき、北ではどこにでも行くことができる交通と交易の中心地ができる条件を備える(18)。

文献記録と自然・人文地理的条件からして、こちらに国内城があった可能性が高い。ただし、現在では国内城の正確な場所に関しては確認が難しい。これは、今後研究すべき課題の一つである。

3. 高句麗の三番目、五番目の都邑地──丸都城

丸都城は山上王（？-227）が即位して遷都したところである(19)。山上王の息子東川王（？-248）が平壌に遷都する前まで使っていた城である(20)。その城を使った時期は、それほど長くない。しかし、この城の位置を把握することは難しい。

第3章 高句麗と都の変遷

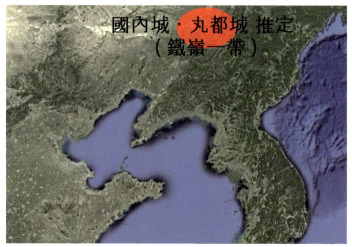

図4 国内城の推定地

ただし、文献記録で見る限り、国内城時期は都城が山に頼っていたが、丸都という言葉からすると広い野原という意味に解釈できる。したがって、山から野原に降りてきたと見ることができる。筆者が見るには、国内城と丸都城はそう遠く離れてはいないと推定する。そのような可能性は『三国史記』でも言及している。(21) つまり、国内城と遠くない平地に築いた可能性である。その可能性は『新唐書』に記されている賈耽の「道里記」に、鴨緑江岸に丸都があるということを記述から考えられる。

　　鴨緑江河口で船に乗って100余里を行き、すぐ小さい船に乗って東北側へ30里を遡れば、泊汋口に至る。渤海の境界となる。再び500里を遡れば、丸都県城に至るが、過去の高句麗の王都（故高麗王都）である。(22)

以上のことからして、現在の遼河流域のどこかにあったものと推定される。この城もやはり先述した遼寧省開原、鉄嶺のどこかにあっただろう。ここで一つ重要なのは、すぐに鴨緑江岸にあったということである。それならばこの川を利用して多くのことを行った可能性が高い。

高句麗のすべての歴史を通じて、活発な外交をした王の中の一人が東川王である。東川王の外交のためには様々な助力が必要であった。もし支えきれない

85

図5　現在の遼河流域の船の運航（3枚とも）

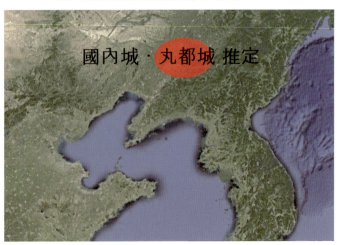

図6　国内城、丸都城の推定地

場合でも、次世代の外交のためにも、そのための活路を切り開かなければならなかった。そういう活動の一環が鴨緑江を活用した貿易の活性化であり、その活性化のためにも道筋をつける必要があった（図5参照）。

　明らかなのは、この桓都城が戦略的に大変重要な城であったのは確実だということだ。桓都城を確認するのに一つの基準となるのは、東川王が遷都した平壌城との関係である。東川王が平壌城に遷都した理由は、魏国との戦争で莫大な損失をこうむったためである。魏国軍は高句麗を打ち破って、当時、首都であった桓都城を陥落させ火を付けて、これ以上都城として機能ができないようにした。これと共に、西南部の強盛した魏国が、いつでも高句麗を攻撃できる戦闘の準備体制を整えていた。

　後日、故国原王（？-371）が平壌城から再び桓都へ遷都をするのだが、これが五番目の首都になる。故国原王がこちらに遷都をするやいなや、すぐに魏の慕容皝（297-348）の攻撃を受ける。故国原王が丸都へ再び遷都をするのに、なぜ魏の慕容皝がそんなに激烈に反応をしたのかは、まさに丸都城の重要性であるが故と言える。それはこの丸都城が、チャイナ系の最大拠点である、遼西地域を直ちに攻撃することができるからである。そのために、毌丘倹や慕容皝が桓都城を先に攻撃して悩みの種（攻撃される心配事）を減らすためであった。そのため現在の遼西地域から近い距離にいなければならないのである。したがって、丸都城は現在の中国開原地方であると推定される（図6参照）。

4. 高句麗の四番目の都邑地──平壌城

　山上王の息子である東川王は、王に即位してから四方に軍隊を派遣して「西安平攻略」等に代表される多くの戦争を行う。その最中魏国軍の急襲により大きく敗北することになるが、この渦中に魏国君は、当時の首都であった桓都城を火の海にして、引き続き高句麗を威嚇する。かろうじて生き残った東川王は、これ以上都邑地として機能していない桓都城から平壌に都邑地を移す。

　東川王が遷都した平壌城に対して、『三国史記』の注（釈）には、ここが直ちに仙人（檀君）王倹が都邑地としたところだと記されている。ここで、初めて平壌という地名が現れ始める。[23] この平壌に対しては、現在の平壌、あるいは中国吉林省集安県を推定する見解がある。しかし、筆者の分析では、現在の北

朝鮮の平壤、あるいは中国、吉林省集安地域に四番目の都邑地平壤城があったという見解は成立しないと考える。この問題に対して筆者は以前詳しく言及したことがある。では、東川王が移した都邑地平壤城はどこにあるだろうか。その糸口は『遼史』に東川王が移した都邑地を推定する記事として伝わっている。

　桓州
　　高麗中期の都城であった。桓都、神郷、淇水の三県があったが全部なくした。高麗の王がこちらに宮闕（廷）を建てたが、国の人々は新しい国と言った。五世孫釗に至り、晋の康帝建元初に慕容皝に敗れて宮室が燃えた。700 号である。

『遼史』の記録を見れば、東川王は過去の首都を捨て、この桓州地域に遷都し都城として、宮闕をたてて新しい気持ちで国を起こしたようである。ところで、その5世孫である故国原王釗に至り、晋国康帝年間に慕容皝との戦争で大いに敗れて、それによって宮闕が全て火に焼けたのである。ここで「五世孫釗」は高句麗の第16第王である故国原王のことを言う。彼の父である美川王（?-331）から5代を遡れば東川王になる。
　この内容は、『三国史記』「東川王條」と「故国原王條」を読み比べれば、辻褄が合う。であるなら東川王が首都を移したところは、平安道平壤でなく、遼国時代の行政区域である桓州地域になる。
　近年この地域は、新石器時代から金国の遺跡まで多くの遺跡が発見されている。特に、下古子城をはじめ、五女山城、そして高句麗系古墳がたくさん集まっている所である。最近、中国の学界が、五女山城と下古子城の一部地域を発掘した。その結果、五女山城で出土した遺物中で、品質が良くて大きいのは、高句麗中期のものであった。それだけでなく、過去に発掘された墳墓に対する年代も高句麗中期ものと確認された。高句麗中期、ここに人口が集中して生活していたことの証拠である（図7参照）。
　その後、高句麗中期以後と見える遺跡が、非常に少数で発見されていることから、高句麗はある時期に衰退したように見える。
　これらの考古学関連資料等を見る限り、『遼史』や『三国史記』に記録されていることとある程度一致するようである。したがって、この地域はまさに、

第3章　高句麗と都の変遷

図7　米倉溝の墓（王陵と推定する）

図8　東川王が遷都した平壌城の位置

東川王→中川王 →西川王 →烽上王 →美川王→故国原王の時の都邑地であった平壌地域として考えることができよう。筆者はここが高句麗の初の都邑地ではなく、四番目の都邑地である東川王の平壌であると推測する(図8)。

5. 高句麗の六番目の都邑地——故国原王の黄城遷都

　高句麗11代の東川王の時、魏国の攻撃で桓都城が廃虚になると、桓都城を捨てて平壌に再び首都を設けた。この平壌で幾つかの代を経て力を蓄えた高句麗は、16代故国原王の時に至り、東川王の時に弱くなった国力を完全に回復し、再び西側に進出しようとした。そのために、先に過去の首都であった国内城と丸都城を修理し、再び丸都城に遷都した。このような措置は、故国原王の複合的な計算によって進行されたと見える。彼が丸都城に遷都をするやいなや、これに対し敏感に反応をしたのは慕容皝の前燕であった。

　前燕の立場からは、15代美川王が晉国地域を征伐して玄菟郡と楽浪郡に大きな打撃を与えた記憶もある場所である。ところで、故国原王が、美川王の時まで首都であった平壌城を離れて丸都城へと首都を移したのである。このような形勢が作られると、すぐに当時の高句麗と国境を合わせていた前燕の立場からすれば、強盛な高句麗がその中心地を西の方に再び移し、必然的に彼らとの衝突が避けられなくなることを推測したであろう。このような状況に至り、前燕は、すぐに高句麗に先制攻撃をしかけた。当時前燕が高句麗を攻撃した内容に関しては『三国史記』に次の通り記録されている。

　12年(342)春2月に桓都城を修理して、また、国内城を築いた。秋8月に王は丸都城に移して居住した。冬19月に燕国王、慕容皝がこの龍城に遷都した。建威将軍慕容翰(?-344)が先に高句麗を奪って、後に宇文氏を滅亡させ、その後で中原を盗ろうと建議した。高句麗には二つの道がある。北道は平坦で広く、南道は険しくて狭いので多くの人々が北道に行こうとした。　慕容翰が言った。「少なくとも常識で推し量って必ず大軍が北道で来るだろうと考えて、当然、北側を重要視し、南側は疎かにするでしょう。王さまは、当然精鋭軍を率いて南道に行って彼らを打って、彼らが予測しなかった時に出て行かなければならないでしょう。丸都は十分に

第 3 章　高句麗と都の変遷

取れます。別に、少ない兵力を北道に送れば、たとえ支障があるにしても、彼の本体が先に崩れれば四肢は使うことができないことです」。慕容皝がその話に従った。11 月に慕容皝が自ら敏捷な兵 4 万を率いて南道から出てきて、慕容翰と慕容覇を先鋒として、別に長史王などを送って兵 1 万 5 千人を率いて、北道から出てきて侵略してきた。王は、弟高武を送って精鋭軍 5 万人を率いて、北道を防ぐようにして、自身は弱い兵を率いて南道を防御した。慕容翰等が先にきて戦い、慕容皝が大軍を導いて後に続くと軍隊が大きく敗れた。左長史、韓寿側が長寿阿仏和度加の首をはねると、多くの兵が勝機に乗ってついに桓都に侵入してきた。王は、馬一頭を追い立てて逃げて、断熊谷に入った。燕国将軍慕容輿が追いかけ、王の母周氏と王妃を生け捕りにして帰った。この時、王瑀などが北道で戦って全部敗れて死んだ。これによって慕容皝は再び最後まで追うことができず、使節を送って王を呼んだが王は出て行かなかった。

　この記録を見れば前燕は、古典的な戦争方法から抜け出し、高句麗の弱点をそのまま活用して丸都城を陥落させて、故国原王の母と夫人そして平壌地域にあった故国原王の父の墓まで暴いて死体まで持って帰った。この戦争で丸都城、平壌城まで陥落したのである。これに対し故国原王はすぐに丸都城と平壌を捨てて再び遷都をする。『三国史記』の記録を見れば次の通りである。(37)

　　13 年（343）春 2 月に王は、彼の弟を燕国に送って臣下を称して問い合わせて、珍奇な物千点余りを捧げた。燕国の慕容皝がこれに伴い、その父の死体を返したが、その母は相変わらず残して人質に取った。秋 7 月に、王は平壌の東側黄城に居所を移した。この城は現在の西京東側木覓山の中にある。

　この記録の中に「平壌の東側黄城に首都を移した」という記述がある。そして、その次の一節に「城は今の西経の東側木覓山中にある」と記されている。
　これと関連する出来事の前後を再び調べれば、結局、故国原王は桓都城から再び平壌城の東側木覓山中にある黄城へ遷都をしている。
　それならば黄城の位置を確認してみるべきで、先述で故国原王が遷都した黄城

図9　故国原王の黄城の位置

図10　黄城地域（現在の集安市）

第 3 章　高句麗と都の変遷

図 11　集安市内の全景と主要遺跡分布地

図 12　広開土大王碑

図13　王陵（長壽王陵?）⁽³⁹⁾

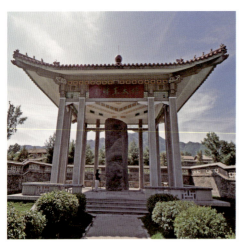

図14　広開土大王碑（左右とも）

は平壤の東側という事実を知ることができた。記録の通りならば東川王が遷都した平壤は高麗時代の西京であって、西京の東側に国原王が遷都をしたのである。[(38)]

前にも触れたように、故国原王が首都を移した後、20代王である長壽王（394-491）までは首都を移した記録がない。それならば故国原王から長壽王までは一つの所を首都にしていたのである。ではそこがどこなのかということである。そこはまさに現在の集安県である（図9・10）。その理由は、長壽王の父である広開土大王関連の遺跡が残っているからである。好太王はそこで王位に即位し、そこで死んで墳墓を残したのである。そうすると、そこがまさに故国原王が移した黄城である。つまり、現在の吉林省集安市が故国原王の移した黄城で、20代長壽王がここを離れて平壤に首都を移す前まで高句麗の「黄城時代」となるのである。

ここで考慮しなければならないまた別の問題として、故国原王の黄城時代を何年間とみなすべきかという問題が提起される。黄城は、故国原王13年（343）に初めて都邑地に選び居住し始め、小獸林王（?-384）、故国壞王、広開土大王（375-41）、長壽王27年（439）に至るまで、合計96年間都の地としての役割を果たしてきた。その根拠として現在の集安では、多くの広開土大王碑をはじめ黄城跡と多くの墳墓が発見されている（図11・12・13・14参照）。

6. 高句麗の七番目の都邑地——長壽王の平壤城

長壽王は父である広開土大王のすさまじい努力で、非常に広い土地を持つようになった。彼は父の意を受け継ぎ様々な事業を行う。その中の一つが、狭小な集安の黄城時代を整理して、物産が豊富で交通が発達したところに首都を移すことであった。長壽王は彼の在位15年に故国原王が避けられない事情で首都に定めた木覓山中の黄城から広い野原である平壤に遷都する。このことについて『三国史記』は単に「平壤」とだけ記録している。

韓国の学系では長壽王が移したこの平壤を今日の平安道平壤として確信している。その理由は、現在の「平壤」という地名を根拠に、長壽王時期に移した平壤がそのまま受け継がれてきていると考えるからである。この点に対して一つ疑問が生じる。朝鮮が建国した後、世宗代に至って、朝鮮の領域中に各王朝別記念的なことを作ろうと各時代別に都邑地を探していた。この過程で、新羅

と百済の都邑地は探せるのに、高句麗は探すことができなかったという記録が残っている。[40]

『朝鮮王朝実録』、「世宗実録」3月13日
　　礼曹判書申商（1372～1435）が告げること、「三国の始祖の廟を建てるのに当然その都としたところに建てる。新羅は慶州であり、百済は全州ですが、高句麗はその都を設けた所を知りません。」とした。王が言うには「上告してみれば分かるだろう。たとえ都としたところに建てられなくても、それぞれその国に建てれば良いだろう」とした。吏曹判書許稠（1369-1439）が申し上げるには、「祭祀を行うのは功に報いることです。わが王朝の典章・文物は、新羅の制度を増減したものですから、直ちに新羅始祖に祭祀を行うことはいかがでしょうか」と、申し上げると、王が言うには「三国が鼎立対峙して莫上莫下であったから、これを捨ててあれだけ取ることはできない」とした。

　この記録を見る限り、当時高句麗の平壌城がどこだとは知らなかったということである。ところで、この高句麗平壌城の位置に関する最も早い記録は、酈道元（386-534）の『水経註』である。[41] この『水経註』には、高句麗の平壌城は浿水の北側に位置していると記録されている。そして、浿水は東から始まって西の方に流れて行くとなっている。この記録を根拠として浿水の位置を確認してみた結果、『遼史』に浿水に対する記録があった。この記録では浿水は、現在の遼陽市を貫いて流れる太子河のことを言う（図15参照）。
　そしてこの付近にまさに高句麗の平壌城があるという記録が残されていた。『遼史』「地理志」東京道には次のような記録がある。[42]

東京道
　　東京遼陽府は本来朝鮮の土地である。（中略）（遼陽部は）後漢の時に、清州と幽州2州、遼東、玄菟2郡の間を行ったり来たりしたので、沿革が一定ではない。漢国末期に公孫度の根拠地になって、彼の息子康、孫、淵に伝えられた。（公孫氏は）燕王だと自称した。年号を紹漢といったが、魏国がこれを滅ぼした。（遼陽部は）晋国の時は高麗によって占領され、次

図15　遼陽市内を流れる太子河（古代浿水）

に後燕の慕容垂（326-396）に帰属した。慕容垂の息子、宝が勾麗王安に平州牧を任せ住まわせた。元魏太武帝が使臣を送って、彼らが居住する平壌城に達するようにしたので、遼国の東京が本来ここである。唐国高宗が高麗を平定して、こちらに安東都護府を置き、後に渤海大氏の所有となった。

　この記録に「魏国太武帝の時使臣を送って、句麗王が平壌城に居住するということを知らせた。ここがまさに遼国東京城で、唐の高宗が高句麗を平定して、ここに安東都護府を設置した」とある。魏の太武帝の時の高句麗の王がまさに長壽王である。この記録には、長壽王という話は出ていないが、同時代を記録した25史中の一つである『元史』「地理志」「東寧路」には高句麗王が具体的に言及されている。その記録は見れば次の通りである。[43]

　　本来、高句麗の平壌城または長安城という。漢国が朝鮮を滅ぼして、楽浪と玄菟郡を置いたので、ここは楽浪の土地である。晉国の義熙以後、その王、高璉が初めて平壌城に住んだ。唐国が高麗を攻撃し、平壌を占領す

るとすぐに、その国は都を東に移したが、鴨緑水の東南に千余里である。以前の平壌ではない。王建（877-943）に至り平壌を西京とした。元国至元6年、李延齢、崔坦、玄元烈などが府州縣鎮60城を持って来帰した。8年（1271）西京を直して東寧府とした。13年東寧路総管府として昇格し、録事司を置いて、静州、義州、麟州、威遠鎮に分けて婆娑府に属するようにした。本路領司が一人で、残りの城はほとんど埋廃して司を設置できないから、今は過去の名残（旧名）だけがあるのみである。[44]

この記録は明国の時編纂された『元史』にある内容である。明国の史官たちはこの地域、すなわち元国の東寧路に関してよく知っていただろう。この道は、高麗末期、高麗と明国の戦争に使われたルートであったからである。ところで、ここで明国の史官たちは平壌を二つに分けて考えていた。すなわち長壽王が移したところと明国当時の平壌に区分していることである。

『元史』の東寧路記録と『遼史』の東京道に表れた平壌関連記録はほとんど同じ内容である。二つの記録両方とも高句麗が初めてこちらに居住し始めた内容を含んでいて、同じ時期を表している。『元史』ではその時期の高句麗の王を長壽王だと話している。それならば長壽王が首都を移したところはすぐに遼陽になる。『遼史』と『元史』の記録は具体的な事件では、若干の差が見られるが、大きい枠組みでは互いに内容が合致する。このように見る時、長壽王が移した首都平壌は、今日の平壌ではなく、中国遼寧省遼陽市だということができる（図16）。記録上では、こちらの平壌を長壽王→文字明王→安蔵王→安原王→陽原王が首都とした。

遼陽地域の考古学資料は非常に多いが、ほとんどが中国系遺物と解釈されている。高句麗が遼陽地域を占領したと考えないからである。これは論理的に合致しない。なぜなら、たとえ長壽王が遼陽に首都を移さなかったとしても、遼陽地域は永らく高句麗の勢力版図にあったことは周知の事実だからである。ところで、高句麗の遺跡遺物がないということは、研究者たちがまともに研究をしなかった結果とも言えよう。したがって、遼陽地域の考古学的研究は、全面的な再検討が必要なところである。そうなれば、かなり多くの高句麗遺跡を確認できるはずである。[45]

遼陽地域の遺跡は、すでに元国の東寧路の時期にほとんど破壊されたと見ら

第3章 高句麗と都の変遷

図16 長壽王の平壌城の位置

図17 岩州城(47)の全景

図18　巖州城の城壁

図19　岩州城の観測台

第 3 章　高句麗と都の変遷

図20　遼陽東京城天祐門と城内の風景
※　この城は清太祖が改築したもので、最近城の中にあった民家を取り除き調査をした結果、清太祖の時期よりはるか以前から使われていたことが確認できた。つまり、清太祖はすでに造られていた城を改築したのである。遠くに見える樹木は土城壁の樹木である。

れる。それは『高麗史節要』⁽⁴⁶⁾忠烈王6條（1279年）に載せられた次のような内容からである。

　　　中郎將池瑄を東寧府に派遣して先代君王の陵墓を發掘した事案を質問した。

　この記錄は、高麗が元国に高句麗王陵を發掘した件に對する質問である。これを見る限り、高麗時代にも高句麗の平壤城が、今日の遼陽地域にあったことが分かる。これは大變重要な記錄である。
　その後にも遼陽地域の古代遺跡は、多くの破壊があったと確認されたが公権力が破壊したものや、盗掘、または民家で建築材料を得るために破壊したものも多くある。そのため歴史の長さに比べて遺跡は多く残されていない。しかし、最近新たに多くのものが發見されていて、この地域の歴史研究に大いに貢献している。その代表的なものが太子河北側に位置している巖州城と東京城である（図17・18・19・20参照）。

7.　高句麗の八番目の都邑地——平原王の長安城

　長壽王が平壤に遷都して125年ぶりに、平原王（532〜590）は長安城に遷都する。長安城の位置に関しては、文献記録によって異なるが、現在は朝鮮半島、平壤地域とする見解が一般的である。
　このように位置を比定するのは、多くの問題が伴う。まず高句麗末期に、隋・唐と戦争する過程を調べれば、現在の中国、遼寧省遼陽一帯やその付近の遠くない地域にも戦争が広がっていることを確認できる。つまり、長壽王の平壤城と平原王の長安城はそれほど遠くなかったものとみられて、当代を記録した『唐書』では平壤城と長安城を同じころと見ている。⁽⁴⁸⁾
　しかし、『三国史記』では長安と平壤城は別個と見ていて、ただし一区域で一束に動く姿を見ることができる。その理由は、長安城を築造する記事で確認できる。⁽⁴⁹⁾この時期は、長壽王が平壤に都を移してすでに130年が過ぎた時期であった。それから約30年後に、長安城に遷都したのである。⁽⁵⁰⁾事実、『三国史記』の著者は、平壤城と長安城が同じところにあるのか、でなければ他の所にあるのか正確に分からないと言っている。

平壌城と長安城
　国内に都を設けて425年が過ぎて長壽王15年（427年）に平壌に首都を移した。156年が過ぎて平原王28年に長安城に首都を移して、83年が過ぎて宝臧王27年に滅亡した。過去の人々の記録で始祖朱蒙王から宝臧王（？-682）に至るまでの歴年は間違いなく、詳細なのがこの通りである。しかし、あるいは、言うところ、「故国原王13年に王が平壌の東側黄城へ離居したが、城は今「高麗」西京の東側木筧山の中である」というので、その是非は分からない。(51)

この記録はおそらく『新唐書』を参考にしたようであるが、その理由は賈耽の「道理記」の内容の一部が入っているからである。(52)ここで『三国史記』編纂者は、「本紀」の記録とは全く異なる混乱を起こしている。その代表的なものが、国内城に移して425年という記述である。しかし、王の本紀では各遷都別に正確に記録をしている。つまり、「本紀」の内容と「地理志」の内容は全く異なるということである。

　筆者の考えは、平原王が長安に遷都したことは明確である。平壌城と長安城はそれぞれ違い、一つの区域の中に2個の城が存在したということである。つまり、平壌城から何十里か離れているところに長安城がある可能性がある。だから『唐書』には、平壌城と長安城を一つにまとめてしまったのではないか。そのようなことは十分に考えられることである。

　これを補足できる記事を確認してみよう。高句麗の末期、高句麗は隋国と大きな戦争を行う。その戦場が薩水流域であるが、この薩水は高句麗の平壌城とはわずか30里しか離れていない川であった。薩水の位置が分かれば、平壌城の位置も知ることができる。記事中の学者は薩水は、現在の清川江であると比定して考証をしている。これに対し、正祖（1752-1800）はどうしても信頼できず薩水の位置に対する質問をする。まず薩水に対する記録である。

　『弘斎全書』116巻、「経史講義」53、綱目　7(53)

　正祖は、当時、学者たちが衆口難防に提起する高句麗史に対する疑問を持っ

てた。特に、薩水に対することは具体的に尋ねている。それも清川江が薩水ということをとても否定的に尋ねている。これに対し李晩膺という人が答えている。

「幼学李晩膺が答えた。」
　高句麗が小さい国にもかかわらず、乙支文徳（生没年不詳）が隋軍事30万余大軍を清川江で撃破し、あたかも枯れ木の枝を折るように敵将辛世雄を殺したので、そんなに壮快でしょうか。『孟子』に地利が人和にはおよばないといったが、これは真に正しい言葉であろう。ただし、証明するほどの文献がなくて、その軍事戦略に対して分からないことが残念なだけです。楽浪は今の平壌であり、玄菟は今の徳源と文川に該当します。そして襄平と南蘇は、すべて遼東に位置していて、今は奉天府に属しています。安市城もやはり遼東の属県なのに、後人が亡霊のように鴨緑江の東側でこれを探そうと思ったので、真に誤ったことです。薩水はすなわち清川江の別名で、乙支文徳が兵をこっそりと隠しておいて降服を要求したことと、宇文述の兵が水の中で壊滅したことは、全部この川で起きたことです。ところで、今は小さな船着場に過ぎないから、昔は大きな川だったのが今はひょっとして水の流れが詰まって小さくなったのではないかと思います。でなければ、昔に隋国の軍事が川を渡ったことは、下流の広大なところだったかもしれません。山川の変化というのは、無常に進行されることなので、臣の狭い識見ではあえてはっきりと申し上げることができません。[54]

李晩膺の返事は正祖（1752-1800）にとって思わしくなかった。李晩膺だけでなく、他も全部思わしくない返事をしていた。実際、当時の記録を読むと、朝鮮の歴史を研究すべきであると思うが、何らかの圧力がかかっているようである。ところで明国の時に編纂された『大明一統志』に居住地としての薩水に関する記録が伝えられている（図21）。

ここには単に薩水だけ記録するのではなく、薩水にした事柄、すなわち評量、鴨緑江、箕子祠堂などいわゆる朝鮮古代史に関連する記録が伝えられている。その中で取り上げられているという点で非常に信憑性がある。この記録によれば、薩水は今の遼寧省・撫順・瀋陽の東部地域を流れている渾河を示している。この記録と古代の鴨緑江に対する記録、平壌に対する記録、等を比較検討して

大明一統志卷二十五　三十二

百六十里按唐書東夷列傳有馬訾水出靺鞨之白山色若鴨頭故名鴨淥西南流至安市入海唐太宗征高驪耀兵於鴨淥水即此所謂白山即今之長白山也

松花江 源出長白山湖中北流經南京城合灰扒江至海西合混同江東流入海

南北通江 源出海州衛東二十里滑石山自東而西横渡遼河折而南流又折而東復入于遼其間洲渚方十餘里可以耕稼

鴛鴦湖 在瀋陽衛西三十里

月下湖 在都司城西北六十里

錦川 在錦州城西亦曰錦水州以此名

蓮花泊 在都司城北九十里

薩水 在鴨淥江東平壤城西隋將辛世雄戰死于此

沓渚 水名遼東有沓氏邑

溫泉 凡六一在都司城南五十里千山一在東南五十里柳河一在西南七十里鞍山一在曹庄驛東一十五里一在寧遠衛東南二里一在廣寧前屯衛東北七十里土人皆甃石爲池引以澡浴

古老無名泉 在廣寧城北二泉湧出自城西南流入城中至東南陽達于濠其水四時不竭汲者便之

小山泉 在義州衛西北本朝遣将征虜聞虜主脫古思帖木兒在捕魚兒海遂由大寧慶州無道而進次遊蒐南道無水軍士渴甚其

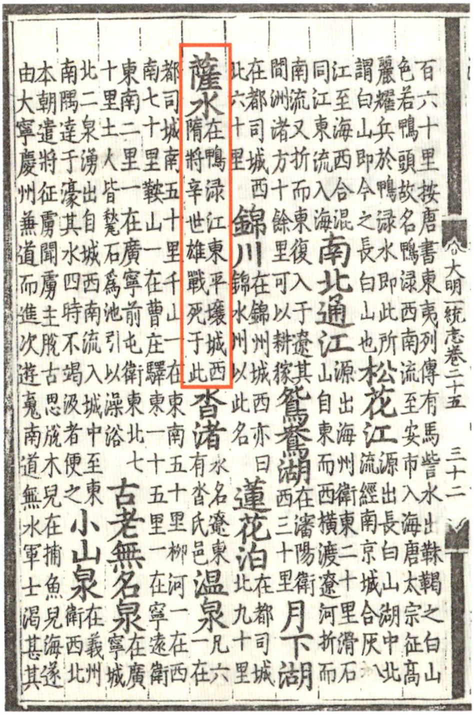

図 21　『大明一統志』巻 25「遼東都司條」

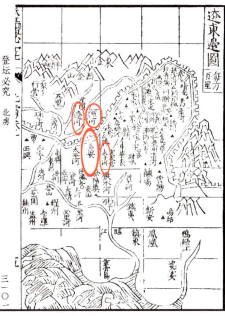

図 22-1　明代兵書『登壇必究』の遼東地図に見える「長安」（遼河と渾河付近）

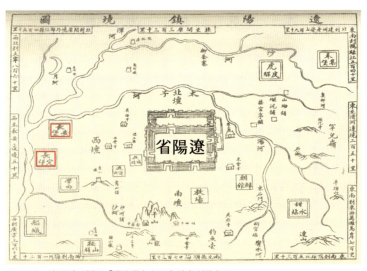

図 22-2　遼陽城西側に「長安堡」という地名が見える

図 22-3 『登壇必究』の遼東地より北に 70Km 上がるところの現在の遼河と渾河付近 「遼河 – 瀋陽市親民」

図 23 淵男生墓誌銘拓本

第3章　高句麗と都の変遷

図24　平原王時期の長安城の位置

みれば、信憑性が非常に高いことが分かる。この記録の通り、今の渾河が薩水であるならば、いわゆる薩水大捷が起きた時期が612年なので、当然、高句麗の最後の首都が長安城時代だったのだから、この長安城はまさに今の渾河東側でなければならないことになる（図22）。その理由は、薩水から平壌までは30里と記されているから。

次に確認できるのは淵男生（634-679）の墓誌銘である。この墓誌銘は、淵蓋蘇文（?-665?）の息子である淵男生が高句麗を裏切って唐に降服した以後、爵位を受けて長安で生活して死ぬと、すぐに葬儀を行って残したものである。これは679年の記録であると見てもよい。墓誌銘は男生の出身地を「遼東郡平壌城」人と記録している(55)（図23）。これなら具体的な平壌の位置が出てくるわけである。すなわち、唐の遼東軍を確認すれば良かったのだ。周知のように唐国遼東郡は今日の遼寧省遼西地域と遼東平原一部を示す。

上のような記録を総合してみる時、高句麗の最後の首都長安城は長壽王が遷都した平壌城から遠くないところであったと推定される（図24）。ただしこの長安城の位置は都城としては平壌城を活用したとしても宮城は長安側に移した可能性もあるということである。したがって、これからはこの問題に対する研

107

究が進行されなければならないだろう。

結 び

　以上で高句麗の首都8ヵ所に対する概略的な検討を進めた。この過程の中で、ある所は具体的に、またある所はなんとなく都邑地、と確認された。その位置を整理してみれば、下の表の通りである。

　このように確認できた位置は『三国史記』を基本史料にして、中国系史料を補完し、後代の史料を比較検討することで得た結論である。そして、河川・海関係資料と天文資料および考古学関連調査報告書、現地の人たちとの対話の中で多くのことを確認できた。

　ここで特徴的なのは、この間、高句麗の最も長い間の都邑地が国内城であり、その位置が現在の中国、吉林省集安県ということを学界は何の疑いを持たないまま比定してきたということである。これは大きな誤りであった。たとえ、これに関連するある記事が『三国史記』にないわけではないが、この記録以前の各論を見れば、その記録が誤りであることが分かる。それにもかかわらず、多くがその記録一つだけを根拠に、高句麗の都城を比定しているのである。

　筆者が史料を調査したところでは、朝鮮時代にも多くの学者が高句麗の地理関係を考証しようと努力した。朝鮮前期の学者の多くは高句麗の史跡を朝鮮半

〈表2〉『三国史記』に記録された高句麗遷都地域と推定する現在の地域

順	王	『三国史記』の地名	現在の地名（推定）	年度
1代	鄒牟王1年	卒本	中国遼寧省錦州市	B.C. 37年
2代	琉璃王22年	国内城に遷都	中国遼寧省鉄嶺市一帯	A.D. 3年
10代	山上王13年	丸都	中国遼寧省鉄嶺市一帯	A.D. 209年
11代	東川王21年	平壌へ遷都	中国遼寧省桓仁	A.D. 247年
16代	故国原王12年8月	丸都山城	中国遼寧省鉄嶺市一帯	A.D. 342年
16代	故国原王13年7月	平壌東黄城（高麗時代西京木覓山）	中国吉林省集安	A.D 343年
20代	長壽王15年	平壌	中国遼寧省遼陽	A.D 427年
25代	平原王28年	平壌、長安城	中国遼寧省遼陽一帯	A.D 586年

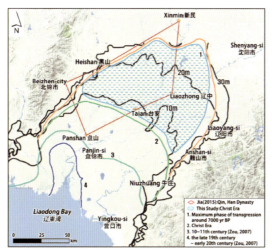

図 25　遼河流域の時期別海岸線変化図

島の中に比定しようと努力した。しかしこのような努力は、ほとんど認められず、いわゆる実学時代に達して、再び考証されたのである。再び考証される過程で多くの論議があったが、結論を結ぶことができなかった。対日抗争期を経ながら日本人研究者によって確定され、それが今日まで続いてきたのである。それと共に多くの混乱が生じてきた。

　このような問題は、単純に高句麗の都邑地の問題だけではない。高句麗都邑地と関連がある鴨緑江に対しても同じである。この鴨緑江関連の問題もこれと似た脈絡である。鴨緑江関連も徹底した分析研究が必要である。この鴨緑江問題と高句麗都の都邑地問題を結びつけて研究を進めた結果、多くの資料を確認することができた。それと共に、同時に、遼河水系に対する研究を進めた結果、とても重要な結果を得ることができた。

　その結果、現在の瀋陽西部一帯の遼河流域は、近代に入って経済的価値が認められ始めたのである。それは、近代以前のこの地域の土地は、ほとんど使い道がなかったということである。近代以前まで使い道がなかったということは、今より海水面が高く、満潮の時は、海岸線が陸地に深く入り、塩分の濃い水が流入して農地には適していないのが、大きな理由の一つでであった[56]（図 25）。

　次に周期的に起きる大洪水による氾濫で使用不可能な土地であった。だから古代の交通路は遼陽から出発して瀋陽の東に上がって撫順を過ぎ、新賓市北辺、

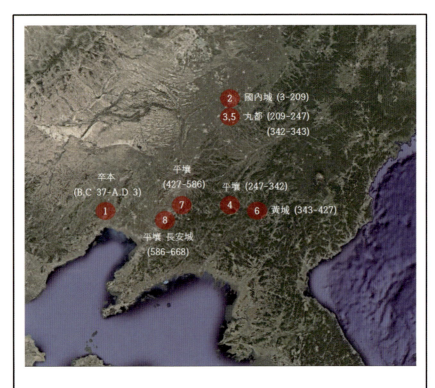

高句麗 王の系譜

1代 東明聖王 (B.C 37 – B.C 19) → 2代 琉璃王 (B.C 19 – A.D 18) → 3代 大武神王 (18-44) → 4代 閔中王 (44-48) → 5代 慕本王 (48-53) → 6代 太祖王 (53-146) → 7代 次大王 (146-165) → 8代 新大王 (165-179) → 9代 故國川王 (179-197) → 10代 山上王 (197-227) → 11代 東川王 (227-248) → 12代 中川王 (248-270) → 13代 西川王 (270-292) → 14代 烽上王 (292-300) → 15代 美川王 (300-331) → 16代 故國原王 (331-371) → 17代 小獸林王 (371-384) → 18代 故國壤王 (384-391) → 19代 廣開土大王 (391-412) → 20代 長壽王 (412-491) → 21代 文咨王 (492-519) → 22代 安臧王 (519-531) → 23代 安原王 (531-545) → 24代 陽原王 (545-559) → 25代 平原王 (559-590) → 26代 嬰陽王 (590-618) → 27代 榮留王 (618-642) → 28代 寶藏王 (642-668)

図 26　高句麗の都邑地位置図

第 3 章　高句麗と都の変遷

鉄嶺市南辺を通って医巫閭山東麓、あるいは医巫閭山西麓へ行く道になったのだ。この経路から、文献記録と考古学資料が一致する結果も導き出せた。

　高句麗の都邑地の移動には一つの基本的枠組みがあった。それは古代の鴨緑江を活用しようとしたことである。琉璃王（B.C.19‐A.D.18）が都を国内城に移した様々な理由の一つに鴨緑江を活用しようと思ったことが推測される。それは国内城地域の自然地理の利点を人文地理的に活用しようとことと見られる。琉璃王が遷都したと推定される地域は、驚くべきことに1900年代鉄道が敷設される前までは、北方で最も大きい都市であった。

　山上王もやはり鴨緑江流域に進出した。そうするうちに東川王の時やむを得ず、今の桓仁で遷都をしたが、この桓仁の水路は古代鴨緑江の水路ではなく、今の鴨緑江と連結されている。したがって経済的にも非常な困難を経験しただろう。故国原王は遼河流域にある丸都に再び遷都する過程で慕容皝と大きな戦争を行い、この戦争の敗戦によって結局険しい木覓山の山中に入ることになったのである。

　ここで再起のためにもがいた高句麗は、継続して遼東地域、すなわち鴨緑江流域奪還のための途方もない努力をした。ついに広開土大王に至りその目標が達成されることで、長壽王の時、再び遼陽地域に遷都をすることになった。長壽王は遼陽に出てきて堅固な高句麗を建設することができた。それが今日の誇らしい高句麗の姿になったと考えられる。すなわち高句麗の命運と鴨緑江は一体であったのである（図26）。

　研究を進めながら確認できたことは今後この研究も補完すべきであるが、これと関連する前後の時代の研究も引き続き進めなければならないだろうということだ。史料を探し求め確認する過程で非常に多くの史実が確認されている。今後もさらに緻密な研究を進めることが、朝鮮全体の北方史研究に大きな助けになるだろうと考える。

〈注〉
(1)　卜箕大「試論 高句麗都邑地の遷都に対する再検討―白鳥庫吉の高句麗都邑地に対する批判的検討を中心に」『檀君學研究』22、檀君學会、2010
(2)　卜箕大「高句麗〈黄城〉時代に対する試論」『Asia-pacific Journal of Multimedia Services Convergent with Art, Humanities, and Sociology』Vol.6, No.1, January（2016）, pp. 393-408

http://dx.doi.org/10.14257/AJMAHS.2016.01.12
卜箕大「高句麗後期の平壤ーと関連記録の検討」『高句麗の平壤とその餘韻』周留城、2017
卜箕大「高句麗の平壤位置関連記録の検討—中国史料を通してみた日本人研究者たちの学説の再検討」『日本文化學報』69号、2016.5
南義鉉「長壽王の平壤城、そして鴨淥水と鴨綠江の位置に対する試論的接近」『高句麗の平壤とその餘韻』周留城、2017.6
林燦慶「高句麗平壤の認識に関する誤謬形成過程に関する検討」『高句麗の平壤とその餘韻』周留城、2017.6

(3) 「卒本」という言葉は突厥語系統で発音すれば「チョルボン」になって、現代モンゴル語では「チョルモン」と発音する。金星という意味である。鄒牟と似た発音である。

(4) 『三国史記』 卷第三十七 雜志 第六「地理四」高句麗
按通典云,「朱蒙以漢建昭二年,自北扶餘東南行,渡普述水,至紇升骨城居焉,號曰句麗,以髙爲氏.」古記云,「朱蒙自扶餘逃難,至卒本」則紇升骨城·卒本似一處也.漢書志云,「遼東郡,距洛陽三千六百里,屬縣有無慮」則周禮北鎮醫巫閭山也,大遼於其下置醫州.「玄菟郡,距洛陽東北四千里,所屬三縣,高句麗是其一焉.」則所謂朱蒙所都紇升骨城·卒本者,蓋漢玄菟郡之界,大遼國東京之西,漢志所謂玄菟屬縣高句麗是歟.昔大遼未亡時,遼帝在燕景,則吾人朝聘者,過東京涉遼水,一兩日行至醫州,以向燕薊,故知其然也.

(5) 『三国史記』
王見沸流水中有菜葉逐流下,知有人在上流者,因以獵徃尋,至沸流國.其國王松讓出見曰,「寡人僻在海隅,未甞得見君子,今日邂逅相遇,不亦幸乎.然不識吾子自何而来.」荅曰,「我是天帝子,来都於某所.」

(6) 『三国史記』卷第十三「髙句麗本紀」第一 琉璃王 二十八年 秋八月
於是,王自謂「立國日淺,民屪兵弱,勢合忍耻屈服,以圖後効.」乃與羣臣謀報曰,「寡人僻在海隅,未聞禮義,今承大王之教,敢不惟命之從.」

(7) 『三国史記』卷第十三「髙句麗本紀」第一 琉璃王 二十三年 秋八月
二十二年,冬十月,王遷都於國内,築尉那巖城.

(8) 『三国史記』卷第十三「髙句麗本紀」第一 琉璃王 二十一年春三月
二十一年,春三月,郊豕逸,王命掌牲薛支逐之.至國内尉那巖得之,拘於國内人家養之,返見王曰,「臣逐豕至國内尉那巖,見其山水深險,地冝五穀,又多麋·鹿·魚·鼈之産.王若移都,則不唯民利之無窮,又可免兵革之患也.」

(9) 『三国史記』卷 第三十七「雜志」第六「地理四 高句麗」
自朱蒙立都紇升骨城,歷四十年,孺留王二十二年,移都國内城 或云尉耶巖城,或云不而城.按漢書,樂浪郡屬縣有不而,又總章二年,英国公李勣奉勑,以高句麗諸城置都督府及州縣,目錄云,「鴨綠以北,已降城十一,其一國内城,從平壤至此十七驛.」則此城亦在北朝境内,但不知其何耳.

(10) 『通典』
馬紫水一名鴨綠水 水源出東北靺鞨白山 水色似鴨頭 故俗名之 去遼東五百里 經國內城南 又西與一水合 即鹽難水也 二水合流 西南至安平城入海 高麗之中此水最大 波瀾清澈所經鎭濟 皆貯大船 其國恃此以爲天塹 水闊三百步

(11) 『新唐書』卷 43 下 志 第 33 下
登州東北海行,過大謝島、龜歆島、末島、烏湖島三百里。(中略) 又過秦王石橋、麻田島、古寺島、得物島、千里至鴨淥江唐恩浦口。自鴨淥江口舟行百餘里,乃小舫泝(溯)流東北三十里至泊汋口,得渤海之境。又泝(溯)流五百里,至丸都縣城,故高麗王都。又東北泝(溯)流二百里,至神州。

又陸行四百里,至顯州,天寶中王所都。又正北如東六百里,至渤海中王城。
(12) ここで理程に関する定義が必要であるが、唐国の時、理程は1理が約450-500メートル程度と見れば良い。それで100里ならば50キロ内外で見ると良い。
(13) 尹漢宅「高麗 西北国境について」『鴨淥と高麗の北系』周留城
(14) 高廣進・崔charOatなどの形で表示される - 高廣進・崔順浩・卜箕大「試論〈長白山〉と〈鴨淥水〉の位置検討―高麗以前を中心に」『仙道文化』13、国学研究院、2010
(15) 南義鉉「長壽王の平壤城、そして鴨淥水と鴨綠江の位置に対する試論的接近」『高句麗の平壤とその餘韻』周留城.2017.
(16) 尹順玉・金曉仙・Jia Jienqing・卜箕大・黃相一「中国遼河流域下流部の古代遼澤の空間分布とHolocene中期以後の海岸線の變化」『韓国地形學會志』第24巻1号
(17) また、他の傍証資料としては王寂の『遼東行部志』がある。
王寂『遼東行部志』
丁丑次咸平宿府治之安忠堂咸平禹別九州其地則冀州之域舜置十二州即幽州之分周封箕子始教民以禮義秦併六國置為遼東郡及高麗既強侵據其地唐高宗命李勣東征高麗置為安東都護府其後為渤海大氏所有契丹時既滅大氏卒入於遼遂為咸州以安東軍節度治之本朝撫定咸州詳穩司後升為咸平府兼總管本路兵馬事昔予運漕遼東居此者凡二年以是遷移區併粗得知之是日易傳於山下民家旁有古城甚大問路人云此高麗廢城也予駐立於頹基極目四顧想其當時營建恃以為萬世之計後不旋踵已為人所有良可歎哉連酒作詩以弔之句麗方竊據唐將已專征【謂李勣也】國破千年恨兵窮百戰平信知宗子固不及眾心誠試望含元殿離離禾黍生
ここに、現在の中国遼寧省開元地域に金国咸州があって、この咸州に高句麗時代の城があったという記録とその城で「含元殿」という跡を見つけたようである。この「含元殿」という話は宮城でなければ使わない言葉である。
(18) この地域は近代の鉄道が付設される前までは満州地域のすべての交易の中心地であった。しかし現在は鉄道と道路が作られて過去の名声は消えてしまった。
(19) 『三國史記』「高句麗本紀」「山上王」
冬十月,王移都於九都.
(20) 『三國史記』「高句麗本紀」「山上王」
二十一年,春二月,王以丸都城經亂,不可復都,築平壤城,移民及廟社.平壤者,本仙人王儉之宅也.或云,「王之都王險.」
(21) 『三國史記』卷第十七「高句麗本紀」第五「東川王」
括地志云,「不耐城即國内城也.城累石爲之.」此即丸都山與國内城相接.梁書以,「司馬懿討公孫淵,王遣將襲西安平,毋丘儉來侵」通鑑以,「得來諫王,爲王位宮時事」誤也.
『括地志』に言うには「不耐城がすなわち国内城である。城を石で積んで作った」とした。これはすなわち桓都山と国内城が互いに接しているという意味である。『梁書』には「司馬懿が公孫淵を討伐したので、王が長寿を送って安平を襲撃して毋丘儉が侵略してきた」とした。『通鑑』には「トクレが王に是正を建議したのは、王位宮の時のことだ」としたが、これは誤りである。
(22) 『新唐書』卷43下 志 第33下
自鴨淥江口舟行百餘里,乃小舫泝(溯)流東北三十里至泊汋口,得渤海之境.又泝(溯)流五百里,至丸都縣城,故高麗王都.
(23) 張傚晶『三國史記 高句麗本紀 東川王21年早記事檢討」『高句麗研究』第13輯、學研文化史、2002

(24) 卜箕大「高句麗の〈黄城〉時代に関する試論」『Asia-pacific Journal of Multimedia Services Convergent with Art, Humanities, and Sociology』Vol.6, No.1,January（2016）pp.393-408
http://dx.doi.org/10.14257/AJMAHS.2016.01.12

(25) 『遼史』「地理志」
桓州,高麗中都城,故縣三：桓都,神鄉,淇水,皆廢.高麗王於此創立宮闕,國人謂之新國.五世孫釗,晉康帝建元初為慕容皝所敗,宮室焚蕩,戶七百.

(26) 故国原王を言う。参照：『三國史記』「高句麗本紀」卷18 註釋 参照.

(27) 『三國史記』卷17「高句麗本紀」제 5：
二十一年 春二月 王以丸都城經亂 不可復都 築平壤城 移民及廟社 平壤者 本仙人王儉之宅也 或云 王之都王險

(28) 『三國史記』卷17「高句麗本紀」第6：
十二年 ------ 今其主亡民散 潛伏山谷 大軍既去 必復鳩聚 收其餘燼 猶足為患 請載其父尸 囚其生母而歸 俟其束身自歸 然後返之 撫以恩信 策之上也 就從之 發美川王墓 載其尸 收其府庫累世之寶 虜男女五萬餘口 燒其宮室 毀丸都城而還

(29) 遼寧省文物考古研究所編著：「五女山城 -1996~1999」桓仁五女山城調查發掘報告、文物出版社,2003年 2284-291頁.

(30) 陣大爲：「桓仁縣考古調査發掘簡報」『考古』1964年10期参照.
こちらの多くの遺跡がダム工事で水没したが、ダムの水が減ると再びその姿を表したという。もし鄒牟王がここに首都を設けたとすれば、琉璃王が首都を移す時までそれほど長くない間、それほど多くの墓と城跡が存在したのかと疑問を感じる。

(31) 『三國史記』故国原王 4年條の記録を見れば「平壤」城を増築する記録がある。これは故国原王が都城を修理することと見られる。ここで平壤は東川王の時に移した平壤を言うことで、現代の桓仁地域を指すことと見るべきである。

(32) 『三國史記』券「第十七」「高句麗本紀」「第五」
三年,秋九月,王率兵三萬,侵玄菟郡,虜獲八千人,移之平壤.

(33) 『三國史記』券第十七「高句麗本紀」第五
十四年,冬十月,侵樂悢郡,虜獲男女二千餘口.

(34) 卜箕大「漢四郡の認識に関する研究 1―「設置」と「僑置」説に対する批判的検討を中心に」『モンゴル学』第49号、韓国モンゴル学会、2017

(35) このような状況を見れば東川王が丸都城から平壤に首都を移したことは、西側から東に移したと見るべきである。丸都城の位置は東川王が移した平壤城の西側でなければならない。

(36) 『三國史記』「卷 第十八 高句麗本紀 第六」
十二年 春二月 修葺丸都城 又築國內城 秋八月 移居丸都城 冬十月 燕王遷都龍城 立威將軍翰請先取高句麗 後滅宇文 然後中原可圖 高句麗有二道 其北道平闊 南道險狹 衆欲從北道 翰曰「虜以常情料之 必謂大軍從北道 當重北而輕南 王宜帥銳兵 從南道擊之 出其不意 丸都不足取也 別遺偏師 出北道 縱有蹉跌 其腹心已潰 四支無能爲也」從之 十一月 自將勁兵四萬 出南道 以慕容翰·慕容覇爲前鋒 別遣長史王等 將兵萬五千 出北道以來侵 王遣弟武 帥精兵五萬 拒北道 自帥羸兵 以備南道 慕容翰等先至戰 以大衆繼之 我兵大敗 左長史韓壽斬我將阿佛和度加 諸軍乘勝 遂入丸都 王單騎走入斷熊谷 將軍慕容興 追獲王母周氏及王妃而歸 會王寓等戰於北道 皆敗沒 由是 不復窮追 遣使招王 王不出

(37) 『三國史記』券 第十八「高句麗本紀」「第六」
十三年 春二月 王遣其弟 稱臣入朝於燕 貢珍異以千數 燕王乃還其父尸 猶留其母爲質 秋七月 移

第 3 章　高句麗と都の変遷

居平　壌東黄城　城在今西京東木覓山中

(38) ここで一つさらに確認してみなければならないのは、高麗時代に直ちにここを知っていたという意味にもなる。なぜなら高麗西京の東側木覓山中にあると記録しているからである。つまり高麗の西京は高句麗黄城の西側にならなければならなく、今日の集安を囲んだ山々はまさに木覓山になる。

この記録は韓国史を研究する上でかなり難しい問題を提起している。なぜなら「西京」関連記録が出てくるからである。『三国史記』が記録の通りならば、高麗時代西京は今日の朝鮮半島にいないこととしてみるべきである。非常に複雑な問題を内包している。しかし、この文はその問題を扱うためのものではないため、この部分に対しては接しないこととする。

(39) 『東國輿地勝覽』「江界都護府」

三岐峴、黄城坪滿浦から30里の距離の所で金国が首都とした所である。皇帝墓は黄城坪にあるのに、世の中で伝えられた話では、金国皇帝墓ということで石を挽いて作った。高さが十分に10長で中には寝牀が三ある。また、皇后墓と王子墓がある。

(40) 『朝鮮王朝實錄』「世宗實錄」3月13日

辛丑／視事．禮曹判書申商啓曰:「三國始祖立廟，須於其所都．新羅則慶州，百濟則全州，高句麗則未知其所都也．」上曰:「考之則不難知也．雖不立於所都，各於其國則可也．」吏曹判書許稠啓曰:「祭者，報功也．我朝典章文物，增損新羅之制，只祀新羅始祖，何如？」上曰:「三國鼎峙，不相上下，不可捨此而取彼也．」

(41) この記録の前後を考えると、当時の朝鮮の地では高麗の西京も確認出来ずにいたとみられる。

(42) 『遼史』「地理志」東京道

東京遼陽府，本朝鮮之地．（中略）遼東，玄菟二郡，沿革不常．漢末　為公孫度所據，傳康；孫淵，自稱燕王，建元紹漢，魏滅之．晉陷高麗，後歸慕容垂；子寶，以勾麗王安為平州牧居之．元魏太武遣使至其所居平壤城，遼東京本此．唐高宗平高麗，於此置安東都護府；後為渤海大氏所有．

(43) 『元史』「東寧路」

本高句驪平壤城，亦曰長安城．漢滅朝鮮，置樂浪，玄菟郡，此樂浪地也．晉義熙後，其王高璉始居平壤城．唐征高麗，拔平壤，其國東徙，在鴨綠水之東南千餘里，非平壤之舊．至王建，以平壤為西京．元至元六年，李延齡，崔坦，元烈等以府州縣鎮六十城來歸．八年，改西京為東寧府．十三年，升東寧路總管府，設錄事司，割靜州，義州，麟州，威遠鎮隸婆娑府．本路領司一，餘城堙廢，不設司存，今姑存舊名．

(44) 東寧路

本高句驪平壤城亦曰長安城。漢滅朝鮮，置樂浪，玄菟郡，此樂浪地也．晉義熙後，其王高璉始居平壤城．唐征高麗，拔平壤，其國東徙，在鴨綠水之東南千餘里，非平壤之舊．至王建，以平壤為西京．元至元六年，李延齡，崔坦，玄元烈等以府州縣鎮六十城來歸．八年，改西京為東寧府．十三年，升東寧路總管府，設錄事司，割靜州，義州，麟州，威遠鎮隸婆娑府．本路領司一，餘城堙廢，不設司存，今姑存舊名．

(45) 中国の学界でも遼陽地域に対する研究は深く進行されていない。大部分が戦国時代の燕、漢国時期の壁画古墳、そして公孫氏の跡として理解していることが現実である。しかし、非常に多くの遺跡が燕国や漢国系列とは違ったものがたくさんある。このような遺跡や遺物に対する分析を再び行えるなら、高句麗、渤海遺跡もたくさん探せることができると考える。

(46) 『高麗史節要』20 忠烈王2（1280.4.19）

遣中郎將池瑄于東寧府　問發掘先代君王陵墓事

(47) この城の本来の名は岩州城であった。それが「岩」の字と「燕」の字の中国語発音が似通って

115

燕国の太子、丹の伝説と関連して「燕州城」に変わったのである。
参照：馮永謙・李濤・趙中文『灯塔市歷史與文化』第1巻「歷史考古文物巻」遼寧人民出版社、2011

(48) 『唐書』云：「〈平壤城〉亦謂〈長安〉.」而古記云：「自〈平壤〉移〈長安〉.」則二城同異遠近, 則不可知矣.「高句麗」始居「中國」北地, 則漸東遷于「浿水」之側.

(49) 『三國史記』券第十九「高句麗本紀」「陽原王」八年
八年, 築長安城.

(50) 『三國史記』券第十九「高句麗本紀」第七 平原王二十八年
二十八年, 移都長安城.

(51) 『三國史記』券第三十七「雜志」第六「地理四」「高句麗」平壤城と長安城
都国内歷四百二十五年, 長壽王十五年, 移都平壤. 歷一百五十六年, 平原王二十八年, 移都長安城, 歷八十三年, 寶臧王二十七年而滅 古人記錄, 自始祖朱蒙王寶臧王, 歷年丁寧纖悉若此. 而或云,「國原王十三年, 移居平壤東黃城, 城在今西京東木覓山中.」不可知其然否. 平壤城似今西京, 而浿水則大同江是也. 何以知之. 唐書云,「平壤城, 漢樂浪郡也, 隨山屈繚爲郭, 南涯浿水.」又志云,「登州東北海行, 南傍海壖過浿江口椒島, 得新羅西北.」又隋煬帝東征詔曰,「滄海道軍, 舟艫千里, 高帆電逝, 巨艦雲összlatban, 橫絶浿江, 遙造平壤.」以此言之, 今大同江爲浿水明矣, 則西京之爲平壤, 亦可知矣. 唐書云,「平壤城亦謂長安.」而古記云,「自平壤移長安.」則二城同異遠近, 則不可知矣.

(52) この記録は『三国史記』編纂者が最大の混同を起こした記録中の一つでる。それにもかかわらず、韓国史研究者が最も多く活用する記録の一つである。記録の内容からすると『三国史記』の編纂当時の記録なのか、でなければ後日直したことなのか、正確に分からないが参考になるものは参考にすべきである。

(53) 『弘齋全書』116 券「經史講義」53 綱目 7.
高句麗以蕞爾小邦. 敵隋揚天下之兵. 而終使隋軍敗績. 煬帝僅以身免. 其戰守之策. 雖不可攷. 而至於樂浪玄菟. 今爲何郡. 襄平南蘇. 今屬何道歟. 安市城或曰在遼東. 或曰在鴨江東. 又有安市卽今安州之說. 果是安州. 則安是野中孤城. 四面受敵之地. 其所以獨守不下. 以禦百萬北來之師者. 果用何計歟. 薩水或曰今爲淸川江. 乙支文德之潛師請降. 宇文述之中流兵潰. 未知果在此江. 而淸川卽一衣帶水也. 尙何能倚爲天塹. 恃險出奇歟. 綱目所載. 旣失其詳. 東史所錄. 亦多疑傳. 或於野乘佚史有可以考據者歟.

(54) 『弘齋全書』116 巻「經史講義」53 綱目 7.
幼學李晚膺對. 高句麗小國也. 而乙支文德破隋師三十餘萬於淸川江上. 殺其將辛世雄. 如摧枯拉朽. 何其壯也. 孟子曰地利不如人和. 誠哉是言也. 但恨文獻無徵. 不能詳其戰守之策也. 樂浪今之平壤也. 玄菟今之德源文川也. 襄平南蘇. 俱在遼東. 今屬奉天府. 安市城亦遼東屬縣. 而後人妄欲求之於鴨江之東. 誠過矣. 薩水卽淸川之一名. 乙支之潛師請降. 宇文之中流兵潰. 俱在此江. 而今則不過一小津耳. 無乃古之大江. 今或埋而爲小耶. 抑古之渡涉在下流廣闊處耶. 山川變易. 沿革無常. 以臣瞍寡. 不敢質言.

(55)「泉男生墓誌銘」
公姓泉諱男生字元德遼東郡平壤城人也原夫遠系本出於泉旣託神以隤祉遂因生以命族

(56) 尹順玉・金曉仙・Jia Jienqing・卜箕大・黃相一「中國遼河流域の下流部古代遼澤の空間分布とHolocene 中期以後の海岸線の變化」『韓國地形學會志』第 24 巻 1 号

(57) ここで言う鴨淥江は先述した全年以前の鴨淥江で、今の遼河のことを言う。

第 4 章　古代東北アジアの交流
―― 3 世紀末から 5 世紀初頭を中心に ――

　東北アジアにおいて、朝鮮半島と日本列島の間の文化交流の痕跡は紀元前 10 世紀頃から見えはじめている。地域的には朝鮮半島の南部と日本の南部で交流が始まり、それがずっと続いたものと見られる(1)。特に古代の日韓交流史においては、紀元前 3-4 世紀は地域的には限定されるものの、非常に具体的な交流があった。韓国と日本の九州で発見される支石墓と細型銅剣などがその証拠であろう。当時の文化の移動経路を考慮してみると、これらは主に険しい大韓海峡を過ぎて、対馬、壱岐、九州に繋がる静かな航路が続くようなところを通じて交流が行われている。そこで、日本の九州一帯では韓国系の人々の痕跡が多く発見されている。東北アジアの中で韓国と日本の文化の交流は、紀元前から主に海路を使って行われていたのである。

　本章では、日・韓両国の交流史及びこれらに関する幅広い研究などを踏まえた上で、古代文化の交流に着目してみる。しかし、古代文化の交流といっても、日韓の文化交流は時期的にも地域的にも広範囲に互っている。そこで、本文では 3 世紀末から 5 世紀初に限定して極東地域に基づいたいわゆる北方地域と朝鮮半島及び日本列島との関係に焦点をおいて考察してみる。文献資料及び考古学的な資料を用い、今まで漠然ととらえている古代 3 世紀末から 5 世紀初頭まで東北アジアの中での日韓の文化交流について精確で具体的な解釈を試みる。また、それらを通じて 3 世紀末から 5 世紀初めの両国の交流にかかわる主勢力についても明らかにしたい。さらに、このような研究を通じて両国が歴史的な交流関係を理解することによって互いに友好的な共同研究のフレームの中に入ることも期待されるところである。

I　3世紀から5世紀までの東北アジア

　歴史時代の朝鮮半島と日本列島の交流の内容は、『三国史記』『日本書紀』『古事記』などの日韓文献資料にも多く現れており、これらの文献に見られる内容は場合によっては錯誤もあるが、大きな枠組みからいうと、交流に関する事実が明らかに記録されている。初期の交流の記録は新羅と日本列島の関係史が優位を占めているが、これはおそらく新羅と日本が地理的に近く、二つの地域は昔から海路が開拓されていたからであると推定できる。また、この時期の百済はごくまれに例が出現してはいるが、まだ歴史の前面に出ていないようであり、高句麗に関してはほとんど言及されていない。

　さて、歴史的に3-4世紀に達すると、東北アジアの情勢が急激に変化していく。つまり、高句麗、鮮卑、扶余など多くの国が力動的に動き、その余波が四方に広がって、東北アジアの情勢を急変させる動力として作用していった。高句麗の動きは極東地域に、鮮卑の動きは黄河流域に、扶余の動きは満州の西部と南部から変化を触発していく。また、考古学的な面からも、交流の様相は4世紀以後から変わってきて、4世紀以後になると、日本列島に朝鮮半島系ではなく北方系の遺物が現れてくる。この北方系の遺物は日本の特定の地域でだけ発見されるのではなく、日本列島の全体から発見されている。このような現象を説明できる文献の記録はほとんどない。しかし、日本の学界では多大な関心のもとで研究が進み、多様な意見が提示されている。それには、朝鮮半島及び満州地域を調査した新しい事実を背景として、3-4世紀の満州地域の文化と日本文化を結びつけた研究もある。その中で、今現在の中国の遼西地域を中心にして、その流れが日本にまで影響を及ぼしたと解釈する江上波夫（1906-2002）（1949）の考察がある。

　　私は<u>大陸北方系騎馬民族</u>の一派が日本島に渡来して、その倭人を征服するに至った事情及びその経過を次のように考えてみたい。(中略)したがって、かかる当時の東亜の大勢から見て、朝鮮に南下した扶余もしくは穢の如き大陸北方系騎馬民族の一派が、更に海を渡って日本に渡来し、その騎馬の卓越した武力によって倭人を征服し、そこの支配者となったとして

も、些かも不思議はない訳です。中略）ただ朝鮮に南下した<u>大陸北方系民族が、高句麗にしても、扶余にして</u>更に日本にまで渡来した大陸北方系騎馬民族もやはりそれらと同類のツングース系統と見て大過ないものと思う。(pp.241-245)（下線は引用者）

また、江上（1949）は上記の言及を補い、江上（1964）でより具体化して説明している。

　大陸から朝鮮半島を経由し、直接日本に侵入し、倭人を征服支配したある有力な騎馬民族があって、その征服民族が以上のような大陸<u>北方系</u>文化複合体をみずから帯同そてきて、日本に普及せしめたと解釈するほうが、より自然であろうと考えるのである。（中略）日本渡来のコースが、東満・北鮮（扶余・高句麗）→南鮮（伽羅・任那）→北九州（筑紫）→畿内と辿れるように思われるのであるが、（中略）要するに、辰王系の・任那の王が伽羅を作戦基地として、そこにおける倭人の協力のもとに筑紫に侵寇したが、（後略）(pp.16-41)（下線は引用者）

上記の江上（1949）と（1964）は、当時から現在までも多くの批判と論争を引き起しており、大勢の研究者がさまざまな意見を示しているが、江上に似たような見方をもっている説もある。(5) 本章では、3世紀から5世紀までの東北アジアの交流関係を説明するために一つの仮説として取り扱うことにする。では、ここで、江上（1949）と（1964）の言及に注目してみよう。江上は日本の文化が東北アジアの大陸北方系騎馬民族に起源を持つという説を立てることに焦点を置いているだけである。「大陸北方系騎馬民族」「大陸北方系民族が、高句麗にしても、扶余にしても」といったところにその起源地や主体が誰なのかについては全く説明されていない。そこで、筆者が江上（1949、1964、1970）などに基づいて分析してみたところ、まず、江上が騎馬民族の起源地と見做した地域は、今日の中国の遼西地域とその周辺であると思われる。すなわち、3-4世紀にこの地域にいた人々が四方に散らばる過程において、その一部が東の方へ移動する際に朝鮮半島を経由することになる。その一連の過程が、江上の提示した仮説とほとんど一致している。次に、北方から南下し朝鮮半島の南部に

図1　朝鮮半島の南部で出土された騎馬人物像及び銅鍑

定住した人々は誰なのかを考証する必要かある。それは韓国では彼らを扶余系、または北方系と言われるもの、北方地域で発見される器物と類似したものが朝鮮半島の南部で大量に発見されることからも証明できるものである。この点について江上はその器物が出土された地域で所属がはっきりした民族や国家が発見されなかったので、特定的な族団に区分せず、広い意味で北方という言葉を使ってその範囲を算定したことであろう。

　一方、言語学的な側面からも、その起源が中国の遼西地域であることを言及したクリストファー・ベックウィズ（Christopher I. Beckwith/1945-）（2006）がある。[6]

> 我々は、日本―高句麗語の共通語の一番隣接な本拠地は<u>遼西地域、あるいはその近所</u>であるか、今日の天津（Tianjin）のすぐ東であったのがわかる。（p.427）（下線は引用者）

と、日本語の起源が遼西地域かその近所という主張が提起している。ベックウィズは、遼西地域の古代言語が日本語の祖型になったという見解を披歴しながら、日本の研究者たちの見解を受け入れて、一団の移住者たちが遼西地域で船に乗って直接朝鮮半島の南部に到着し、そこで再び出発して日本列島に到着したものと理解していた。しかし、当時の海路を考慮してみると、それよりも、渤海湾の沿岸にいた倭人たちが海を渡って朝鮮半島の南部に到着し、そこで、また日本に渡ったと説明するのがもっと説得力があるのではないかと思わ

れる。それは、朝鮮半島の南部で出土されるもの（図1）が北方地域で出土されたものと類似していることからも説明できる。[7]

　ここで、江上とベックウィズの言及は一つ重要な事実を示唆している。それは、江上が言った北方民族の本拠地と、ベックウィズが提示した日本語の起源地である遼西地域は同じ地域で、この地域は中国史に属する地域と考えているのである。[8]
　しかし、ベックウィズは、この地域で使われていた言語は日本語と高句麗語とが同じ系統であるといい、中国語の系統とは区別している。もし、遼西地域が中国史に属する地域であるならば、この地域が中国系の言語圏でない別の言語圏に設定されるはずがない。したがって、当時の遼西地域を占有し、なお中国語とは違った言語を使っていた勢力、果たしてその主勢力は誰なのかをはっきりさせることが重要となるのである。もし彼らが高句麗や扶余系であるとすると、日本語の祖型が高句麗語や扶余語であるという可能性が高くなることであろう。

II　遼西地域の主勢力

　ここでは、3-4世紀の遼西地域で活動した主勢力とは誰なのかという点について詳しく調べてみる。筆者（2011）は、高句麗の都邑の移動を考察したもので、高句麗の都邑地8ヵ所のうち、高句麗の中期から後期までの都邑地5ヵ所は確認できるが、残りの初期3ヵ所の都邑地は確認できず、高句麗の都邑地を確認する過程において、最も重要なのは最初の都邑地であると言っている。[9]今までの高句麗の初の都邑地は、一般的に遼寧省桓仁縣一帯と知られてきており、[10]そしてその以北に扶余があって、高句麗の最大の版図は遼河流域という枠のなかで高句麗と扶余史を理解してきた。しかし、筆者は、文献資料を根拠にして桓仁地域は高句麗の初の都邑ではないという見解を提起した。高句麗の初の都邑地が桓仁県の一帯ではない場合、高句麗の彊域と扶余の位置も変わるべきである。万一、高句麗の初の都邑地や扶余の位置の中で一つだけでも確認されたら、高句麗史と扶余史の研究は全く別の結果を導出することになろう。それが

都合よく、扶余の位置が新たに比定できる可能性が中国で提起されたのである。

　右記の図2-図6は、さる2000年遼寧省の考古学研究所（2004年2期）で発掘した、北票市の喇嘛洞の遺跡に関する考古学の資料を発表したものである。この喇嘛洞の遺跡は、発掘の当時は鮮卑族の遺跡と考えられていたが、補足研究が進むにつれて扶余系の墳墓であるという結論に変わっていった。ただし、被葬者は扶余の支配階層ではなく鮮卑族に捕虜で捕らえられた扶余の人々であり、この地域は扶余の統治圏ではないという説明がついている。

　しかしここで、図3のように300余基にもなる墳墓が秩序整然と配列されており、図4から図6までのように墓の中に銅鍑や容器や大刀などの多様な副葬品が埋められていることから、筆者は中国学界の見解に同意できない。

　それは、戦争捕虜の墓を秩序整然と造営したり、単なる捕虜の墳墓に戦争の時に使う銅鍑や刀を副葬するのは一般的に考えられないからである。そのため、この喇嘛洞の遺跡は捕虜の墳墓ではないと考える。つまり、図4から図6までの出土品からみると、むしろ扶余の辺境守備軍、もしくはその地域の支配層の墓群である可能性が高い。したがって、考古学的な側面からこれまで発見された喇嘛洞遺跡と類似した遺跡は鮮卑系ではなく、扶余系に分類すべき根拠ができたわけである。まさに今までの歴史的解釈も正すべきであると考える。さらに、文献上でも高句麗と扶余は隣り合っていた国と記録されていることから、扶余の位置が新たに考証できれば、初期高句麗の位置の比定にも大きな変化をもたらすところである。また、喇嘛洞遺跡で発見された遺物は、朝鮮半島の南部地域で発見された遺物とも非常に類似している点から、二つの地域の文化の相関性を直接的に示している。この点は遼西地域の人々が朝鮮半島の南部地域に移動して来たという見解が妥当になる。ということから、朝鮮半島の南部と日本列島で発見された遺物は、彼らが朝鮮半島の南部を経由して日本列島に渡ったという推定を裏付けるものとなる。このように解釈していくと、これまで多くの問題点があった日韓古代交流関連史を確認する上で、大きな枠組みが立てられたといえる。

　さらに、もう一つは、もし遼西で発見された喇嘛洞遺跡が扶余系の遺跡ならば、その南の近隣にあったはずの高句麗の西の境界を推定してみる必要がある。高句麗初期における西の辺境は、今日の遼河の西の方であった可能性が高い。次の『三国史記』の巻三七の「雑志」七、「地理」四七で確認できる。

第4章 古代東北アジアの交流

図2 墓の周辺の現在の様子

図3 中国遼東城喇嘛桐遺跡の墓の分布図(小さなホームが墓)

図4 遼東城喇嘛桐墓の平面図

図5 遼東城喇嘛桐墓の出土の馬の飾り物

図6 遼東城喇嘛桐墓の出土容器(左右とも)

〈紇升骨城〉

　按通典云朱蒙以漢建昭二年自北扶餘東南行渡普述水至紇升骨城居焉號曰句麗以高爲氏古記云朱蒙自扶餘逃難至卒本則紇升骨城卒本似一處也漢書志云遼東郡距洛陽三千六百里屬縣有<u>無慮則周禮北鎮醫巫閭山也大遼於其下置醫州玄菟郡距洛陽東北四千里所屬三縣高句麗是其一焉則所謂朱蒙所都紇升骨城卒本者蓋漢菟郡之界大遼國東京之西漢志所謂玄菟屬縣高句麗是歟</u>昔大遼未亡時遼帝在燕景則吾人朝聘者過東京渉遼水一兩日行至醫州以向燕薊故知其然也む（下線引用者）

　『通典』から曰く、朱蒙が漢建昭二年（紀元前三七年）に北扶余から東南方に進み、普述水を渡って紇升骨城に至り、据えて国号を句麗とし、高として苗字としたとし、「古記」に至っては、朱蒙が扶余から乱を避けてて逃げ出して卒本に至ったとしたので、つまり、紇升骨城と卒本は同じところである。漢書志に曰く、遼東郡は洛陽から三千六百里離れており、ここに属した県には無慮があり、すなわち「周禮」から見える北鎮の醫巫閭山であり、大遼の時にその下の方に醫州を設けた。玄菟郡は洛陽から東北に四千里離れており、属した県は三県である。高句麗がこれらのその一つであるとしたので、いわゆる朱蒙が都にしたという紇升骨城と卒本はおそらく（漢）の玄菟郡の境界であり、大遼国東京の西の方であり、「漢志」にいわゆる玄菟の属県の高句麗がこれであろう。昔大遼が滅亡しなかった時、遼の皇帝が燕京に在り、すぐ我が朝聘する使臣が東京を過ぎ、遼水を渡って一日二日に醫州に至って、燕薊に向かったので、故にそうだということを知ることができよう。

（国史編纂委員会韓国史データベー http://db.history.go.kr）

「国内城」

　自朱蒙立都紇升骨城歷四十年孺留王二十二年移都國内城或云尉耶巖城或云不而城按漢書樂浪郡屬縣有不而又總章二年英國公李勣奉勅以高句麗諸城置都督府及州縣目錄<u>鴨淥以北已降城十一其一國内城從平壤至此十七驛則此城亦在北朝境内但不知其何所耳</u>（下線引用者）

　（朱蒙が紇升骨城）に都を立ててから40年が過ぎ、孺留王22年（3年）

に都を国内城、あるいは曰く尉那巌城といい、あるいは不而城ともいうと写した。調べてみたら「漢書」に楽浪郡に属した県で不而があると記録されており、また、總章2年（669年）に英国公李勣が勅命を奉じて高句麗のすべての城に都督府尾及び州県を設けた。「目録」に曰く、鴨緑以北ですでに降城した城が11、その中で一つが国内城であり、平壌からこの城に至るまで17個の駅があるといったから、すなわち、この城もやはり北朝の境内にあったが、ただしそこがどこか知らないのみである。

（国史編纂委員会韓国史データベース　http://db.history.go.kr）

　上記のように、筆者が文献資料を確認したところ、今現在の遼河は高句麗時代に鴨緑江と呼ばれたものと推定しているが、そうだとすると、高句麗の国内城も今日の遼河流域に位置したはずである。しかし、高句麗初期の国内城は海から遠くない所に位置していた。もし、高句麗の都邑地が海に近い、今の遼河の下流流域にあったとすれば、遼河は国境地帯ではなかったはずである。通常国境に接して都邑を定めるのはあらゆる面で危険なことである。このように考えると、初期の高句麗は今日の遼西地域と不可分の関係にあったことになる。筆者の解釈の通り、遼西と高句麗が不可分の関係であれば、前述の江上やベックウィズの説で重要な位置を治める遼西地域の人々は、中国系ではなく高句麗系である可能性が高くなる。結局、遼西地域を基盤とした二つの国、つまり高句麗と日本に入っていた北方民族は同一のルーツであった可能性が高いということである。

　もう一つ、付け加えておきたいのは、中国が衛満朝鮮を滅亡させて設置したという漢四郡に関することである。今までは漢四郡が朝鮮半島の平壌を中心にして設置されたもので、その西はすべて中国の領土であることから、北方文化は中国の北方民族の文化と見るべきであるという主張が多い。しかし、これまで多くの人が主張していた漢四郡の楽浪郡は朝鮮半島の平壌にあったのではなく、今日の中国河北省の東北部にあったことが正しい。これに関しては第2章で詳述している。次の、『史記索隠』の「太康地理志」に出現する一句節を引用する。

　　　碣石山在漢樂浪郡遂城縣長城起於此山

碣石山は漢の楽浪郡遂成県にある。長城はこの山（碣石山）から始まる。

　上記で、遂城県の「遂」とは、「達する」「終える」「至る」という意味で、遂城県は城が終わるか始まるかの地域を意味する。万里の長城が河北省の東北部から始まるのは、全世界が共通して認定する事実である。それならば楽浪郡もそこにあるはずである。このように解釈していくと、「北方」とは敢えて中国の北方民族と捉えなくてもいいという結論が出てくるのである。また、『後漢書』の第二三章「郡国五」からも裏付けられる。

　　樂浪郡武帝置。洛陽東北五千里。十八城，戸六萬一千四百九十二，口二十五萬七千五十。朝鮮　諵邯　浿水　含資　占蟬　遂城　增地　帶方　駟望　海冥　列口　長岑　屯有　昭明　鏤方　提奚　渾彌

　　楽浪郡は武帝の時、洛陽から東北五千里である。十八城があり、戸は六万一千四百九二であり、人口は二五万七千五十名である。（十八城には）朝鮮、諵邯、浿水、含資、占蟬、遂城、增地、帶方、駟望、海冥、列口、長岑、屯有、昭明、鏤方、提奚、渾彌がある。

　上記の根拠は、中国の遼西地域の古代文化を研究するにおける大きな変化をもたらす新しい基準になるものである。こうしてみると、慣用的に使う「北方」という用語の概念も変えるべきだと思われる。具体的に、扶余なら扶余、高句麗なら高句麗と変える必要がある。

Ⅲ　東北アジア文化の日本渡来

　ここでは、文化の交流と関連して考古学的な資料を中心に取り上げる。先述したように扶余系（または高句麗系）は、朝鮮半島を経由して日本列島に到着した後、日本の土着民たちと連合して新しい勢力を形成しながら、日本に多くの変化をもたらした。朝鮮半島と日本列島に扶余系（または高句麗系）からの遺品や渡来人の分布からも想定である。

日本に入った北方系の渡来は、図7と図8のように、日本の中部で高句麗文化の痕跡と思われる遺跡が多く発見された。日本の中部地域で発見された5世紀以後の積石墓は、図9と図10のように基本型式が高句麗の積石墓と類似していて、高句麗系の墓と見るのが一般的である。この積石墓を造成した主体について、日本に居住していた高句麗人が死んだら、積石墓を積むことができる高句麗人が海を渡って日本に来て、墓を作った後、また帰ったという仮定ができるが、それは現実性がない。それよりも、多くの高句麗系の移住民の中に墓を作れる人々がいて、彼らが高句麗の伝統に従って墓を作ったと解釈するのが、無理のない見方ではないかと思われる。この点は、高句麗人が日本列島に移住してきて定着した可能性を示唆する点でもある。5世紀頃の積石墓からは図11と図12のように馬具、金銅履き物を初め多くの装飾品が発見されたが、この積石墓は東京一帯と群馬県一帯に一番多く分布されている(13)。
　なお、東京市内を流れる「狛江」は「高句麗の江」という意味だと言われている(14)。これは多くの高句麗人が東京と群馬県一帯に移住して来た可能性を示しているのである。

　以上のように、朝鮮半島をはじめとして満州と日本列島は先史時代から絶えずに交流があったし、時期によっては大規模の人口移動もあったことが指摘できる。

結　び

　今まで、半世紀も前に江上波夫が提示した騎馬民族移動説を根幹にして、東北アジアの交流の中で、日韓古代文化交流に焦点を当てて解釈を行ってみた。その過程において、江上が見逃した部分とベックウィズの言語学的な側面からの説明を文献資料と考古学的な資料などを活用して、日韓古代人たちの交流関係の実際を確認してみる機会になった。それらを通じて、古代の日本列島で活躍した「渡来人」たちは漠然とした「北方人」たちではなく、扶余系や高句麗系の移住民である可能性が高いという点である。特に、高句麗系が主体になっている点に注目される。なお、彼らが日本列島に入って行く途中、朝鮮半島の南部地域に定着してその地域の文化に大きな影響も与え、またその一部が日本

図7　群馬県一帯古墳分布図

第4章　古代東北アジアの交流

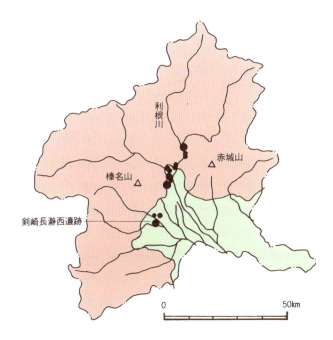

図8　群馬県高句麗古墳の集中地域

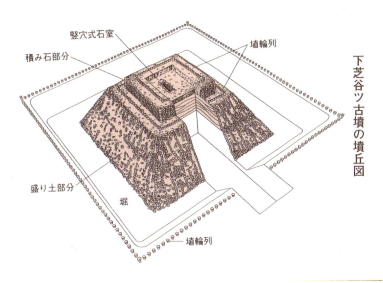

図9　群馬県一帯の積石墓の鳥瞰図

図10 群馬県一帯の積石墓の発掘場面

図11 群馬県積石墓出土の金銅履き物

図12 群馬県積石墓出土の耳飾り

列島に移住して、土着勢力たちと協力しながら新しい勢力として浮上した点が明らかになった。さらに、漠然にとらえている「北方」又は「遼西地域」という用語より扶余や高句麗のような具体的な言葉で表現する必然性も読みとられる。

　文化とは、既存の文化に新しい文化が接目して、また新しい文化を創り出すのが普遍的なことである。そのような観点から、日本列島の土着文化と外来文化との習合が持続的に新しい文化を生産してきて、今日の日本文化を成し遂げたのであろう。これは全世界のどの文化にも同じく現れる現象で、中国文化の多様性がまさに土着文化と外来文化が習合して成立したのと同じでしょう。最後に、時間をかけて、日韓両国が相手の国を正しく理解できる、そのような共同研究の必要性が切実に望まれるところである。

〈注〉
(1) 当時の交流の関係では、朝鮮半島の古代文化が日本列島に現れる例が多く、日本文化が朝鮮半島に現れる例は少ない。
(2) 初期の新羅と日本の関係に関しては、金泰植（2010）に詳しい。
(3) この大変動期を、中国史では 5 胡 16 国の時代と南北朝時代と規定し、韓国史では高句麗の対外膨脹期、扶余の衰退期と表現する時期でもある。
(4) 江上（1949）が、日本の研究団体、民族学研究が開催した「日本文化の原流と日本国家の形成」という主題の学術座談会で提起したもので、1948 年に発表されたものを 1949 年に出版したものである。
(5) 江上の騎馬民族説は、喜田真吉の日鮮民族同祖論と一脈相通じる。また、日本学界の否定的な視角にもかかわらず、再検討、修正・補完が試みられ、梅棹忠夫の「ツングース水軍説」、水野祐の「新騎馬民族説」、千寛宇の「朝鮮半島騎馬兵集団の日本征服説」などが提示されている。
(6) ベックウィズ（2006）は、ベックウィズの独創的なものではなく、日本の学者たちの主張を土台にしたものである。全体的に日本語と高句麗語は同じルーツということだが、その伝播の過程を説明する内容は全然論理的ではない。
(7) 図 1 の左は慶州金鈴塚で出土された国宝 91 号であり、右は金海大成洞古墳から出土されたものである。金海大成洞古墳と慶州金鈴塚を参照。
(8) 大部分の学者たちは、この地域が中国の燕、烏桓、鮮卑、隋、唐の領域だと考える。しかし、燕がこの地域で勢力を拡張したことがなく、烏桓と鮮卑の歴史は中国史ではないという点を明確に認識しなければならない。
(9) 卜箕大（2010）「高句麗の都邑地遷都に関する再検討」『檀君学研究』22 号、檀君学会、参照。
(10) 高句麗の初都邑地が遼寧省の桓仁縣という説は、高句麗史と扶余史の研究に重大な錯誤を起こした。桓仁縣は遼西から遠く離れた地域なので、結局遼西から桓仁に移動したことになる。こ

の論理はややもすれば、扶余系により先に建国された高句麗が後日、中国系の文化を受け入れて高句麗語を形成したといった誤解を呼び起こしてしまう可能性がある。卜箕大（2010）「高句麗の都邑地遷都に関する再検討」『檀君学研究』22号、檀君学会、参照。

(11) 遼寧省文物考古研究所・朝陽市博物館・北票市文物管理所「遼寧北票喇嘛洞1998年発掘報告」考古学報　2004年2期。
(12) 朱泓（2010）、「喇嘛洞三燕文化居民族屬的生物考古学考察」、『第16會 伽倻史国際学術会議論文集』
(13) 図7から図12までは、滋賀県立安土城考古博物館、『韓国より渡り来て―古代国家の形成と渡来人―』平成13年4月22日、宮川印刷株式会社から引用した。
(14) 「狛江」は、『大漢和辞典』に「狛」は「貊」から来たと説明されている。「高句麗の江」は、『後漢書』巻85「東夷傳」・高句麗'伝　句驪一名貊（耳）．有別種．依小水爲居．因名曰小水貊．出好弓．所謂「貊弓」是也．となっている。

第5章　高麗の国境に対する新しい比定

　筆者は韓国史において、一般的に高麗時代に関する研究が最も多くよく研究されていると認識している。そのため、これまで高麗史研究に関して誰も多くの異議を提起してこなかった。中でも国境問題についてはほとんど問題が提起されて来なかった。ところで、高麗の国境線に関する記録と現在認識されている高麗の国境線とは、全く違うのである。『高麗史』では、高麗の国境線に関して次のように記している。

　　『高麗史』「地理志」「序文」
　　「顕宗初に節度使を廃止して5都護府75道度按撫使を置き、引き続き按撫使を派遣して、4都護府8首を置いた。以後、五道兩界に定め、楊廣道、慶尚道、全羅道、教州道、西海道、東界、北界の両界で、総括すれば4京8枚15府129郡335県29鎭とした。その四履は西北の唐以来の鴨緑江を限界として東北は先春嶺で境界をなし、大抵西北の境は高句麗に達し得なかったが、東北はこれに過ぎた。これで、大まかに歴史の本に見える沿革に依拠して地理誌を作る。(1)

　ここで高麗の領土は西側では高句麗の西界に至らず、鴨緑を境界にして、北は高句麗の国境線を超え先春領に達すると記録されている。このような記録は、朝鮮初期の記録である『世宗実録』「地理志」にも、このように記録されている。これをそのまま下絵に描いてみれば、西側では今の鴨緑江を渡っていて、北側では現在の豆満江を越える図が描かれている。ところで、このような版図に対する現在の学界の認識は全く異なる。高麗史に関心があって研究するある学者は、高麗の国境線を西側は現在の北朝鮮の鴨緑江から、東には北朝鮮の元山湾を結ぶ線として認識していた。誠に遺憾なことである。当時の高麗史に記

図1 現在学界で通用される高麗と契丹の国境線　　図2 現在学界で通用される高麗と金との国境線

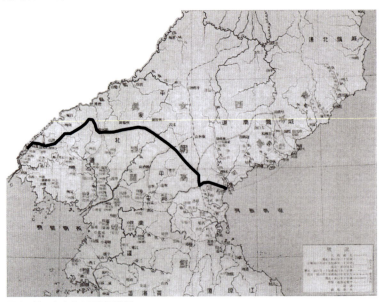

図3 津田左右吉の高麗国境線

録された内容とは全く異なるということが分かる（図1、2）。

　本来史料を根拠としてみれば、朝鮮半島北部はまさに高麗の領土であった。それにもかかわらず。高麗の国境線は先に述べたように、今の鴨緑江から元山まで続く線で認識されている。その理由は何だろうか。なぜこのような認識の差が生じるのか。理由は、高麗の国境線に関する何度もあった論争による。この論争は 1910 年代津田左右吉によって、高麗の国境線が引かれ、その内容が朝鮮総督府の『朝鮮史』に取り上げるまでであった。以後そのような論争はなく、今日まで固着されてしまったのである（図3）。

　津田は、彼が韓国史の歴史地理を比定しながら、「韓国の人は嘘が上手なので韓国の人が書いた韓国史は信じることができない」と言った。例えば、その代表的な人として徐熙をあげている。徐熙は、遼国と戦争の最中、嘘で高句麗の歴史を誇張した。このような人々が整理した歴史をどうして信じることができるかと言うのであった。したがって私が再び韓国の歴史地理誌を整理して作ると言い、韓国の歴史地理を比定した。彼の著作『朝鮮史』が朝鮮総督府編纂として公式に取り上げられ、それがそのまま今日まで受け継がれてきたのである。これに関しては、その事実の有無を確認すべきである。その理由はまさに真の『高麗史』の内容とはまったく異なるからである。

　この問題は、二つの方向で扱わなければならない。一つは、まず高麗の西北境界を調べるべきである。もう一つは、高麗の東北境界を調査すべきである。なぜなら西北境界と東北境界に関する認識の差があまりにも大きいからである。しかも東北境界は、学界の努力によりますますその座を固めているが、[2] 西北境界は今歩き出しているからである。

I　文献記録を根拠とした高麗の国境線

1. 高麗西北境界に対する新しい認識

　韓国史において高麗の国境線問題は朝鮮時代以来多くの論争が行われてきた。その論争の中で、朝鮮後期になって「鴨緑江―元山湾」という見解が登場し始めた。そうした流れから、日本が韓国史を研究する最に、突然「鴨緑江―元山

湾」という線を固定させてしまったのだのだ。それが今日まで続いてきたのである。このような公式ができた最も大きい根拠は、鴨緑江と大きくかかわっている。高麗の国境線を引く時、最も基準になったのが鴨緑江であった。西側の鴨緑江が確認できれば東側は難しいことではなかった。

そのため、西側の鴨緑江を先に確認して調査を始めた。その鴨緑江は、現在の鴨緑江のことである。すべての研究者がそのようにした。もちろん津田左右吉もそのようにした。ところで、問題は、現在の鴨緑江だけでなく、他の鴨緑江もまたあるということである。つまり漢字で書く際に「淥」の字が異なる別の鴨緑江がまた、存在することである。つまり、「鴨緑江」と「鴨淥江」が存在するというわけである。この二つの鴨緑江の存在の有無を確認してみて、もしそれが事実ならば、二つの鴨緑江を照らし合わせてみるべきで、これによって新たな事態が生じる。先述した「鴨緑江」は確認できた。この鴨緑江を史料と照会してみた結果、高麗史とは合致しないことが分かった。というわけで、別の鴨淥江を照会し確認してみなければならない。

『高麗史』「地理志」にしばしば出てくるのは「鴨緑」という地名である。この地名が文字通り地名を指すものなのか、もしくは鴨淥江を略して「鴨緑」と記したのかは明らかではない。管見の限りこの「鴨緑」は地名であって、川の名前ではないと見る。鴨緑が地名として用いられたことが分かる一つが、渤海の「西京鴨緑部」である。渤海は五京制度を運営していたが、そのうちの一つに「西京鴨緑部」がある。ここで「鴨緑部」はまさに指名を指す。それなら『高麗史』に記している「鴨緑」も地名だと見なければならず、多くの「鴨緑江」という川は「鴨緑」地域を流れる河川の名前であろう。すると鴨緑江を探す前に、先に「鴨緑」という土地を探してみることが順序である。この地名はどこなのであろうか。

日韓の学界における大まかな流れは、渤海の西京鴨緑部を、現在の鴨緑江付近吉林省集安県、長白県、臨江市一帯のこととして言及している(4)。その理由は、鴨緑江は古代から今まで変わることがなかったという強い信念を持っているからである。先述した『高麗史』「地理志」や『世宗実録』「地理志」などの地理書には、渤海の位置が朝鮮半島や朝鮮半島と直に隣接した現在の鴨緑江にあったという記録がない。これは中国の『史書』にもない。そうすると渤海西京鴨

緑部は、現在の私たちが知っている位置ではないということが分かる。別の所で探さなければならない。

近年、古代の鴨緑江は現在の鴨緑江ではなく、また何回も変わったと推定するいくつかの研究成果が出てきた。(5)これは大変興味深い主張である。この研究によれば古代の鴨緑江は、現在の鴨緑江ではないため、渤海西京鴨緑部は現在の鴨緑江西側をいうのではなく、他の地域にあった可能性が高いと言う。鴨緑江関係の研究を取り上げると次の通りである。

尹漢宅は、大康10年（1084）、高麗『大遼事跡』に基づいた『遼史』の遼国辺境の把守兵現況に登場する「高麗―遼」国境線としての鴨緑江を基準として、『高麗史』、『遼史』、『金史』を比較検討した。また『高麗史』の睿宗12年（1117）遼が金に追われた際に高麗に引き渡した保州城を義州で築城し、義州防禦使とする。そこで後方防御線としての鴨渌江が浮かび上がって、国境線としての鴨緑江との混乱が発生し始めたことを論証した。つまり、国境線は鴨緑江であり、後方防禦線は鴨渌江だという主張である。(6)いわゆる高麗の千里長城がこちらというものであった（図4）。国境線としての鴨緑江は、このように遼・金時期を通じて変わりなく守られてきた。この国境線を境界とした遼東は、政治的に干渉を受けた元の時期に入っても高麗北界の封疆としてそのまま認定されていた。元国の時の鴨緑江関連史料は次の通り散見できる。

> 調書で沿海に港「水駅」を設置したのを告げる。耽羅から鴨緑江入口までおよそ11ヵ所で、洪君詳に監督するようにした。(7)

> （前略）至元30年、沿海に港を設立した。耽羅から鴨緑江并楊村港までおよそ13ヵ所。(8)

> （前略）その国道を平壌城というので、まさに漢の楽浪郡である。水が靺鞨の白山から出るのを鴨緑江というが、平壌はその東南にある。(9)（下略）

元国の時期に設置した高麗の港が耽羅から鴨緑江まで及ぼしていて、また、高句麗の国道平壌の西北の側にある鴨緑江が『元史』に記録されていて、高麗の民間墓誌銘と『同文選』では、元の使節に行って帰ってくる国境の経過点と

図4 高麗の千里長城位置図

して鴨緑江、鴨淥江が議論されている。やはり紛らわしく見えるが、相変らず政治的な干渉にもかかわらず、鴨緑江が地理的国境線である象徴的な事例である。この鴨緑江の遼辺境の把守拠点都市の一つである咸州に対しては、2010年中国で発刊された鐵嶺地域の地方史で次のように言及されている。

    開泰8年（1019）軍隊の集結に便利にするために、高麗との領域の境界である今の開原老城地方に咸州を建設して、地理の助けを借りて高麗に対して展開する新攻勢を準備した。[10]

この鴨緑江の名称と関連して『高麗史』、李奎報（1168-1241）の『東明王篇』に青河という別称が登場するが、これと類似の清河が『遼史』東京遼陽部朝に

第5章　高麗の国境に対する新しい比定

図5　「道理記」渤海〜新羅王城に至る海路

登場する。これらの資料を総合してみると、現在の鐵嶺市地方史とともに照会してみれば、古代の鴨緑江の位置は、現在の鐵嶺付遼河支流に比定することができるのではないだろうか。この研究結果は、各時期の文献の考証を重ねたことで信憑性が高いと思う。

次は『新唐書』の中の賈耽の「道理記」に記されている内容である。

　　登州から東北側に海へ行って、大謝島、龜歆島、末島、烏湖島を過ぎて300里である。…（中略）…また登州から秦王石橋、麻田島、古寺島、得物島を過ぎて1,000里を行けば、鴨緑江唐恩浦口に至る。鴨緑江河口で船に乗って100里余りを行って、ここで小さい船に乗って東北側へ30里を遡れば泊汋口に至り、渤海の境界となる。再び500里を遡れば丸都県城に達するが、過去の高句麗王道（故高麗王都）である。さらに、東北側に200里を遡れば神州に到達する。また、陸地で400里を行けば顕州に達する。天宝中に王が首都とした所である。また、正東側へ600里は渤海王城に至る。[11]

賈耽の「道理記」を分析して地図を作ってみると、図5のような版図になる。

139

それなら、文献史料に記録された鴨淥江は現在の遼河である。この研究結果を参考にして渤海西京鴨緑部を推定してみると、おそらく今の東遼河と西遼河が合わさる地域から四方に遠くないところに位置する可能性が高い。史料を分析してみると、渤海の地を全部占領し、朝鮮半島地域までが契丹の領土であったという中国の学界での主張は誤りであることが分かる。

　中国の歴史歪曲が2000年代初期の東北工程とともに始まった当時、南義鉉は、高句麗を中国の地方政権として叙述するなど、満州史を完璧な自国の地方史に編入するために刊行した『中朝辺界史』の中で、地名が間違って考証されたことを提起し、その再検討を行った。この『中朝辺界史』の叙述とは違う「正史」をはじめ数多くの中国の史書を分析してみた結果、地名の位置に関していくつか新しい事実を明らかにすることができた。

　次は、彼の主張である。隋唐時代の鴨淥水は、遼東北の靺鞨が生きた白山で発源し、混同江と呼ばれた。女真族が金国を建てて鴨淥水を渡って皇龍府を治めたという記録から鴨淥水は現在の遼河である。遼国の皇龍府は遼河上流側にある遼国軍隊の集結地であるからである。また鴨淥水は、靺鞨の白山で源を発して安市を過ぎて海に流れ、遼東と遼西を分ける基準になるといったため、遼河であるべきである。

　さらに『籌海図編』を通して鴨淥江という地図も発見し、『新唐書』「地理志」に出てくる麻田島、古寺島、得物島が遼河流域へ行く道にあるのを発見した。鴨淥江の唐恩浦口やはり遼河入口にある浦口ということも史料を通じて明らかにした。

　この他にも40種余りの史料で鴨緑水が現在の遼河であると明らかになったので、史料の記述通り、長壽王の平壤城も鴨緑水の東南側450里地点で探さなければならない。14世紀以前平壤城に関連したすべての史料は、現在の遼陽市を高句麗の平壤城だと指摘している。長壽王の平壤城遼陽は、時代の流れとともに王朝によって平壤、東京、中京、東寧遼陽など、多様な名前で呼ばれていたことを確認した。

　これまで比較分析してみた結果、古代の鴨緑江は、今日の遼河であることが確認された。では、遼河境界にして高麗と遼国の国境線は、どのように認識さ

2. 文献に表れた高麗と遼国の国境

高麗の西北界を正確に把握するためには、鴨緑江の位置と契丹の東側国境線がどこなのかを把握することが重要である。当時、遼国の東側境界を記録した史書は『高麗史』、『遼史』および宋国の時作られたと伝えられる「墜理図」等で確認できる。まず『高麗史』に表れた記録を基に確認する。

『高麗史』に表れる高麗と契丹との関係は、始終一貫良くない。まず、現在の鴨緑江北側地域を治めて西進していた高麗と多くの衝突があった。この衝突は、高麗光宗が今の遼寧省東北地域に位置した生女真地域を征伐して、高麗の領土に編入させたのが発端である。これを巡って高麗と遼の間に 993 年に戦争が始まった。これが第 1 次麗・遼戦争であった。[17]

戦争の結果は高麗の徐熙が主導して大きな戦いもなく、高麗の一方的な勝利であった。その結果、契丹との平和的な外交関係を成立する条件として、川を境界とし、東側 280 里を高麗に属する協約を結んだ。[18] この時、高麗は江東 6 州を設置し、本来遼と高麗の国境よりさらに西辺に領土を広げることになった。高麗が遼に割譲を受けた江東 280 里の土地がどこなのかである。高麗と契丹の間で協議を行った時、川を境界にしたことは明らかであるが、どの川を境界にしたのかである。多くの人々が今日の鴨緑江だと理解している。だが、当時の記録には鴨緑江という川は出ていない。鴨江で記録されている。[19] もし同じ川の名前だったら、明確に同じ名で記したであろう。しかし、異なる表記をしている。

では、『遼史』にはどのように記録されているのか。高麗と遼の国境を確認するためには、『高麗史』より『遼史』がより具体的である。まず、全体『遼史』「地理誌」に出ている契丹東京の経緯と東側国境線に関する記録を確認してみると次の通りである。

『遼史』巻 38「志」第 8「地理誌」2 ―東京都
「東京遼陽府は本来朝鮮の地であった。周国武王が箕子を獄中から解

いて、彼が朝鮮に行くとすぐにその土地に冊封した。彼が8条法禁を作り、礼を崇めたて、農桑を奨励し生活が豊かになって、門を閉じなくても盗む民がなかった。40代余り受け継がれた。燕国の時、真番と朝鮮に属し、初めて官吏を置き城壁を積んだ。秦国の時には、遼東の辺境に属した。漢国の初めに燕国の人、衛満が昔の空地で王になった。武帝元封3年に朝鮮を平定して真番・臨屯・楽浪・玄菟4郡を設けた。後漢の時に青州と幽州の二つの州に行き来して編入されて、遼東と玄菟はその沿革が一定ではなかた。漢国の晩年には公孫度がここを治めて、息子公孫康に受け継がれ、孫公孫淵が燕王を自称して紹漢と年号をたてたが、魏国によって滅亡した。晋国が高麗（高麗：高句麗である）を陥落させるとすぐに、後に慕容垂に帰依して、その息子慕容宝が高句麗王高安を平州牧使にし、そこで暮らせるようにした。元魏の太武帝が、彼が住んでいる平壌城に使臣（使節）を送るのに、遼国東京は本来ここである。」[20]

この記録は契丹の東京に対する全体的な沿革である。まとめてみれば、契丹の東京は本来古朝鮮領域であったのに、歴史の変換を体験して契丹の土地になったという話である。[21]これが、具体的にすべて正しいか否かの問題ではなく、大きな枠組みで契丹の東京地域に関して整理したことに注目しなければならない。そして東京に関連した地理誌の出発が即ちこの東京である。次の記録は、具体的に東京から出発して辿る高麗の東側国境線と捉えるべきである。

『遼史』巻38、「志」第8、「地理誌」2
「東に北烏魯虎克まで400里、南に海辺の鉄山まで860里、西の方に望平県海の入口まで360里、北に挹婁県范河まで270里である。東・西・南3面がすべて海を抱いている。」[22]

この記録では契丹の東側境界は北烏魯虎克まで400里となっている。これは現在の遼陽から東に400里という意味である。これを今のkmに換算してみれば遼陽の東に130km内外と見るのが妥当だろう。[23]130kmの距離は遼陽から本渓市区域内である。このような境界が設定されるまでには高麗と契丹との間に多くの迂余曲折があった。その代表的な記録が定住関連記録である。この土地

第 5 章　高麗の国境に対する新しい比定

は戦争の結果により主が変わる現象をそのまま記録している。(24)

　　『遼史』巻 38、「志」第 8、「地理誌」2
　　「定州保寧軍高麗の時州を設置した。昔に県が一つあった。その名前は定東県である。成宗統和 13 年（995）に郡に昇格させて、遼西の民を移し住むようにした。東京留守使に隷属された。1 県を率いる。」

　　「定東縣高麗が設置され、契丹が遼西の民をこちらに移り住まわせた。戸数は 800 である。(25)」

　　「宣義軍節度使が治める。高麗が州を設置して、昔に県が一つあったがその名前は来遠県である。聖宗が高麗の王詢が自分勝手に王位に上がったとして、その罪を問うたが、聞かないまま、通和末年に降服すると、開泰 3 年（1014）にその国の保州と定州を治めて、そこに権場を設置した。東京統軍使に隷属した。州と 2 郡、1 県を率いる。(26)」

　このように高麗と契丹は 3 次にかけた大戦争をして国境線を確定したのである。その記録を上記『遼史』「地理誌」に残されていた遼東京道の概要で、北烏魯虎克の東側国境線なのである。この記録で重要なのは、遼国の東側国境は今日の鴨緑江にも至っていなかったことである。つまり、朝鮮半島の鴨緑江から元山だけで比定するそれ自体が成立しないのである。
　これと似た内容で契丹と高麗が直に国境を接していたことを説明するもう一つの別の記録は、同じ『遼史』に書かれている。この記録以外にも『遼史』には、明らかに高麗との国境線のことを言っているがそれは「信州」に対する説明である。

　　信州―彰聖軍
　　「下等の州として節度使が治めた。本来、越喜の昔の城であった。渤海が懐遠府を設置したが、今は廃止された。聖宗はこの土地が高麗と隣り合わせだからと、開泰初年（1012）に州を設置して、捕虜で捕らえた漢国の民戸で満たした。兵士に関することは黄龍府都部署司所属である。3 州を

率いたが未詳で2個の県がある。」[27]

　この記録は高麗と契丹間の境界地域に設置した契丹の行政区域を記している。この記録を見る限り、本来は渤海の土地であったのに、渤海を征服してその地域と全く関係のない漢族を連れてきて住民としたのである。また、別の記録で『高麗圖經』で確認できる。[28]

　　『高麗圖經』、「封境」
　　高麗は南に遼海と西側には遼水と北側では契丹の昔の地域と、東側では大金と接している。また、日本の琉球、聃羅、黒穂、毛人などの国と犬の奥歯（犬牙）のように互いにかみ合わさっている。ただ、新羅と百済が自分たちの領土を自ら守れなく、高麗の人々に併合されたので、現在の羅州、広州道がそれである。
　　その国は宗の首都（京師）の東北側に位置していて、燕山道から陸路を経た後、遼水を渡って東へその国境まで行くのに全3,790里である。海道では河北京東、淮南、両浙、広南、福建など、そのどちらにでも行ける。今建てられた国は登州、莱州、濱州、棣州と正確に向かい合う位置にある。

　この記録は『高麗史』「地理誌」より具体的に高麗の国境線を記している。この記録を見る限り、先に説明したこととほとんど同じであることが分かる。
　この記録の正しさは後のの地図でも確認可能である。当時作られた地図があれば最も良い。しかし、今まで受け継がれている地図の中には、当時の地図がない。ただしその時期と最も近接した時代に作られたものはある。宋国の時に作られた『墜理図』である。[29]
　この「墜理図」に遼国の東側国境が表れているが、「信州」が東北地域と推定される所に表記されている。これは説得力があるものと考えられる。信州の位置を見る時、その東には特別な契丹の行政区域が見られないからだ。
　「墜理図」に描かれた契丹の東側国境は「州」単位で南北に長く描かれているのを確認できる。この地図を見れば信州から北に上がれば尙州、濱州が北側国境であることが分かる。ほぼ直線として描かれる形でつながるのも確認できる。これは間もなく契丹の東側国境だということがわかる。その国境線は南東

図6　金国『墜理圖』上の高麗国境線

に降りてきて東にくるっと曲がるので、今の遼陽東側で才州、生州、躍州、伏州、涼州につながるにつながるのを見ることができる。さらにその東側は全て契丹とは異なる地域であることを表示している。

　この記録と地図はおそらく契丹の最高全盛期の国境線を表していると見られる（図6）。このように『遼史』、『高麗史』、そして『墜理図』を比較してみるとほとんど似通った結論が出てくることが分かる。

　これらの資料を見る時、高麗と遼国の国境線は現在中国遼河流域としていることが分かる。最近、尹漢宅は多くの資料を分析しこのような結論を出している。尹漢宅の高麗西北国境線の比定は、その間、忘れられていた高麗の国境線を正すのに大きな役割を果たした。[30]

Ⅱ　高麗の東北境界に関する再認識

　高麗の国境問題として西北境界ほど重要なところが東北境界である。その重要な端緒としては東北9城の位置を糾明する問題と関連がある。1945年以後、韓国の学者たちがその位置の比定を改めるべきであるにもかかわらず、日本の学者が比定した東北9城の位置を咸興平野地域として国史教科書に記録した。このように比定された理由は、何より津田左右吉が比定した高麗の境線が根拠となった。高麗の国境線の比定は、誰よりもこの津田の比定に大きく影響を受けているのは誰も否定できない。しかし、最近韓国ではこの問題に対し、絶えず問題提起され、そして津田の説がますます修正されているのが見られる。その根拠に、近年出版されたある国史教科書には「東北9城の位置はまだ明らかにならず、〈咸興平野一帯説〉、〈吉州以南説〉、〈頭満江以北説〉[31]等の様々な主張が対立している状況」と記録されている。このような見解が提起されたのは、この間に、多くの反論があったためである。[32]

　筆者はこの研究を進めながら高麗の北境界は、今の豆満江北であるという確信を持つことができた。それに関連した根拠を確認すると次の通りである。

　　朝鮮初期、朝鮮と明国はこの公嶮鎭を間にして深刻な国境問題が発生する。それは明が遼東にあった女真人を所有して明に帰属させようとし、朝鮮は李成桂の勢力基盤としての重要性だけでなく、高麗の時、尹瓘の女真征伐で歴史的根源を求め、女真人およびその居住地域に対する管轄を主張した。その中で核心的なことは尹瓘が設置したという公嶮鎭であった。朝鮮は尹瓘の女真征伐が豆満江北側に対して行われたことで、公嶮鎭は豆満江北側にあると認識していた。そのために豆満江北側にある公嶮鎭の南からは朝鮮の管轄地域であることを積極的に主張して、明から11地域の女真帰属問題を認められたのである。[33]
　　しかしこの過程で、朝鮮は高麗時代の歴史的事実を根拠に明国を説得して、高麗時代の国境線を朝鮮の国境線とする場面を見ることができる。では、尹瓘の東北9城、つまり高麗が女真を征伐する過程を確認すべきである（表1）。

第5章 高麗の国境に対する新しい比定

〈表1〉 高麗9城設置に関する記録

番号	出 典	原 文	日 訳
1	『高麗史』巻十二,睿宗三年（一千一百八）	「尹瓘又築宜州通泰平戎三城徙南界民以實新築九城」	尹瓘が宜州、通泰、平戎三城を築いて南界国民らを移住させて新しく九城を築いた。
2	『高麗史』巻十二,睿宗三年（一千一百八）	戊申 尹瓘以平定女眞新築六城奉表稱賀立碑于公嶮鎭以爲界至	戊申の時、尹瓘が女眞平定と六城を新しく築城したことに対して祝賀する表文を上げた。また、公嶮鎭に碑石を立てて国境とした。
3	『高麗史』「地理地」巻五八	睿宗二年 以平章事 尹瓘爲元帥知樞密院事吳延寵副之, 率兵擊逐 女眞置九城立碑于公嶮鎭之先春嶺以爲界至.	高麗睿宗二年（1107年）に尹瓘と吳延寵が軍事を率いて女眞を打ち追い出して、9城を設置して公嶮鎭の先春嶺に碑を立てて境界とした。
4	『高麗史』「地理地」巻五八,東界	睿宗二年, 以平章事尹瓘, 爲元帥, 知樞密院事吳延寵, 副之, 率兵擊逐女眞置九城立碑于公嶮鎭之先春嶺以爲界至 明宗八年 稱沿海溟州道	睿宗二年（1107年）に平章事尹瓘を元帥として、知樞密院事吳延寵にとって彼を補佐するようにして軍事を率いて女眞を打って追い出し、9城を設置して、公嶮鎭の先春嶺に碑を建てて境界とした。明宗八年(1178)に沿海溟州道と称した。
5	『高麗史節要』巻七 睿宗文孝大王〈丁亥二年〉	瓘, 又分遣諸將, 畫定地界, 又遣日官, 崔資顯相地, 於蒙羅骨嶺下, 築城郭九百五十間, 號英州, 火串山下, 築九百九十二間, 號雄州, 吳林金村, 築七百七十四間, 號福州, 弓漢伊村, 築六百七十間, 號吉州, 又創護國仁王, 鎭東普濟二寺於英州城中.	尹瓘はまた、何人かの將帥を分けて送って土地の境界を確定して、また日官崔資顯を送り場所を見て蒙羅骨嶺咸南草黃嶺の下に城九百五十軒を築き、英州、火串山の下に九百九十二軒を築き、雄州、呉林金村に七百七十四軒を築き、福州、弓漢伊村に六百七十七件を築き吉州と称した。また護国仁王・鎭東普済の二つの寺を英州の中に創建した。

　この記録を分析してみれば『高麗史』と『高麗史概要』の記録を根拠とする。高麗睿宗の時、睿宗が令を発し、尹瓘（？-1111）が女真を征伐し、そこに高麗の行政区域を設置したことを記している。このような記録は『金紗』にも記されている。この記録では、高麗の北境界が公嶮鎭と先春領が北境界には記録されているが、そこがどこなのかは分からない。その理由は、当然高麗の行政区域だからあえて詳しく記す必要がなかったからだろう。だが、この位置に対して、朝鮮の世宗の時、非常に具体的に公嶮鎭と先春領を調べた記録が残されている。その記録を確認してみると次の通りである（表2）。

〈表2〉朝鮮時代公嶮鎮、先春嶺考証記録

番号	出 典	原 文	日 訳
1	『世宗實錄』八六巻, 二一年（一千四百三十九己未年）八月六日（壬午）	傳旨咸吉道都節制使金宗曰：東北之境, 以公嶮鎮爲界, 傳言久矣. 然未知的在何處, 考之本國之地, 本鎮在長白山北麓, 亦未知虛實.《高麗史》云：「尹瓘立碑于公嶮鎮以爲界.」至今聞先春岾有尹瓘所立之碑, 本鎮在先春岾之何面乎？其碑文, 可以使人探見乎？其碑今何如也？如曰路阻未易使人, 則無弊探知之策, 卿當熟慮以聞. 且聞江外多有古城, 其古城無奈有碑碣歟？如有碑文, 則亦可使人謄書與否幷啓. 又尹瓘逐女眞置九城, 其城今何乎？在公嶮鎮之何面乎？相距幾何？幷聞見開寫以啓.	咸吉道, 都節制使金宗瑞に伝知することを、東北の地は公嶮鎮を境界としたことは伝わってきたことは長くなる。しかし、正確にどこにあるのかは知らない。本国の土地を上告してみれば本鎮が長白山北麓にあるというか、やはり虛實を知らない。『高麗史』でいうには「尹瓘が公嶮鎮に碑を立てて境界とみなした」という。今聞くところ先春岾に尹瓘が立てた碑があるというが、本鎮が先春岾のどちらにあるのか。その碑文を人に探させてみることができるか。その碑が今はどうなのか。万一道が塞がって人に探させることが容易でないなら、弊害なしに探知する方法を十分考えて申し上げろ。また聞いたところ川の外（江外）に過去の城がたくさんあるということに、その古城に碑碣があるのではないだろうか。万一、碑文があるならば、また、人をさせて謄書できるのかどうか合わせて申し上げろ。また、尹瓘が女真を追って九城を設置したが、その城が今どの城であり、公嶮鎮のどちらにあるのか。距離はどれくらいになるのか。聞いて見たものを合わせて申し上げろ。」とした。
2	『世宗實錄』巻百五五,「地理地」, 咸吉道, 吉州牧, 慶源都護府	古孔州, 或稱匡州, 久爲胡人所據, 高麗大將尹瓘逐胡人, 置公險鎮防禦使. 本朝太祖戊寅, 以有德陵, 安陵, 陞爲慶源都護府, 修城築堡地, 得印一顆, 其文曰：「匡州防禦之印.」愁濱江,【在豆滿江北, 源出白頭山下, 北流爲蘇下江, 歷公險鎮, 先春嶺, 至巨陽城, 東流一百二十里, 爲愁濱江, 至阿敏入海.】四境, 東距海二十里, 西距鏡城豆籠耳峴四十里, 南距連海堀浦十二里, 北距公險鎮七百里, 東北距先春峴七百餘里, 西北距吾音會石城基一百五十里.	昔の孔州で、また、匡州とも稱し、永らく胡人に占拠されていた。高麗の大将尹瓘が胡人を追い出して公険鎮防禦使を置いた。本朝太祖七年に戊寅に徳陵と安陵があるといったので、敬遠都護府に昇格させて、城を修築するために土地を掘るところ印信一個を得たが、その刻んだ文に「匡州防禦之印」と記していた。愁濱江である。【豆滿江北側にある。その根源は白頭山の麓から出るが、北に流れて蘇下江になって、公險鎮・先春嶺を過ぎて巨陽城に達し、東に百二十余里を流れて愁濱江になって阿敏に達して海に入る。】四方境界（四境）は、東に海に至る二十里、西の方に鏡城豆篭耳峴に達する四十里、南に連海堀浦に至る十二里、北に公嶮鎮に達する七百里、東北側で先春嶺に達する七百余里、西北側で吾音会の石城基に達する百五十里である。

148

第5章　高麗の国境に対する新しい比定

番号	出典	原文	日訳
3	『世宗實錄』巻百五十五,「地理地」,咸吉道,吉州牧,慶源都護府	自巨陽西距六十里先春峴,卽尹瓘立碑處．其碑四面有書,爲胡人剝去其字,後有人堀其根,有高麗之境四字．自先春峴越愁濱江,有古城基．自所多老北去三十里,有於豆下峴,其北六十里有童巾里,其北三里許越豆滿江灘,北去九十里有吾童沙吾里站,其北六十里有河伊豆隱,其北一百里有英哥沙吾里站,其北近下江邊有公險鎭,卽尹瓘所置鎭．南隣貝州・探州,北接堅州．自英哥沙吾里西去六十里,有白頭山,山凡三層,頂有大澤,東流爲豆滿江,北流爲蘇下江,南流爲鴨綠,西流爲黑龍江.	巨陽から西の方に六十里を行けば、先春嶺であり、すなわち尹瓘が碑を立てたところである。その碑は四面に文字が刻まれていたが、胡人がその字を削ってしまった。後に人々がその下を掘ったところ、「高麗之境」という四字があった。先春嶺から愁濱江を渡れば、昔の城跡［城基］があって、所多老から北に三十里を行けば豆下峴があって、その北に六十里に童巾里があり、その北に3里位の豆滿江灘を渡って北に九十里を行けば、英哥吾童沙吾里站があって、その北の六十里に河伊豆隠があって、その北に一百里に英哥沙吾里站があって、その北に蘇下江辺に公險鎭があるので、すなわち尹瓘が設置した鎮である。南に貝州・探州と隣接して、北に堅州と接している。英哥沙吾里から西の方に六十里を行けば白頭山があるが、山がたいてい三層になっている。頂上で大きな池があるので、東に流れて豆滿江になって、北に流れて蘇下江になって、南に流れて鴨綠になって、西に流れて黒龍江となる。

〈表3〉朝鮮が明国と高麗東北9城を根拠に国境線を確定する内容

番号	出典	原文	日訳
1	『太宗實錄』八巻,四年（一千四百四甲申年）十月一日	計稟使金瞻,齎準請勅書,回自京師．勅書曰：「勅朝鮮國王李諱．省奏言,參散千戶李亦里不花等十處人員準請,故勅．」上賜瞻田十五結	計稟使金瞻が准請した勅書を持って、明国の都（京師）から帰ってきた。勅書はこのようであった。「朝鮮国王李諱に勅諭する。上奏して話した参散千戸李亦里不花など十処の人員を省察して准請する。したがって、勅諭するのである。」王が金瞻に田地十五結を下賜した。
2	『太宗實錄』九巻,五年（一千四百五乙酉年）五月十六日（庚戌）	欽此竊照,洪武二十一年間,欽蒙太祖高皇帝聖旨準請,公嶮鎭迤北,還屬遼東；公嶮迤南至鐵嶺,仍屬本國．因差陪臣金瞻,齎文奏達,當年十月十一日,回自京師,欽奉勅書：「三散千戶李亦里不花等十處人員準請．」欽此,臣與一國臣民感激不已．竊念小邦,臣事聖朝以來,累蒙高皇帝詔旨,不分化外,一視同仁；近又欽蒙勅旨,三散等十處人員準請．竊詳	洪武二一年に、太祖高皇帝の聖旨を受け、「公嶮鎭北側は遼東に還属して、公嶮鎭南から鉄嶺まではそのまま本国に付けてほしい。」と請願するため、文を陪臣金瞻に送って伝達したところ、その年十月十一日に〈金瞻〉が京師から帰ってきて勅書を受け賜り、「三散千戸李亦里不花など十ヵ所の人員を許諾する。」とした。これに対し臣が一国の臣民とともに感激した。よく考えたところ、小邦が聖朝に仕えた以来何度も高皇帝の詔旨を受けたが、化外を区分しないで一視同仁なさり、昨今、また、勅旨を受け賜り、三散など十処の人員を許諾して下さいました。

3	『世宗實錄』五九卷,十五年三月二十日	上謂諸臣曰:「高麗尹瓘將十七萬兵,掃蕩女眞,拓置州鎭,女眞至于今,皆稱我國之威靈,其功誠不少矣.瓘之置州也,有吉州,今之吉州,與古之吉州同歟?高皇帝覽朝鮮地圖,詔曰:〈公險鎭以南,朝鮮之境.〉卿等參考以啓.」上時方注意於婆猪之征,故有是教.	王世宗が臣下に伝えることを、<u>高麗の尹瓘は十七万軍事を率いて女真を掃討して州鎮を切り開いておいたので、女真が今まですべて我が国の威厳を称えるので、その功が真に少なくない。尹瓘が州を設置する時に吉州があったのだが、今の吉州は以前吉州と同じなのか。高皇帝が朝鮮の地図を見て詔書するに、〈公険鎮の南は朝鮮の境界〉としたので、そなたたちは参考にして申し上げろ。」したが、王はこの時まさに婆猪川征伐に意を傾けていたので、このような教示があった。
4	『世宗實錄』八四卷,二一年(一千四百三九己未年)三月六日(甲寅)	永樂二年五月間,奉欽差千戶王脩齎勅招諭三散,禿魯兀等十處女眞人民,欽此.臣父先臣恭靖王某備洪武二十一年間欽蒙太祖高皇帝聖旨,準請公險鎭迤北還屬遼東,公險鎭迤南至鐵嶺,仍屬本國事因	永楽二年五月の間に欽差千戸王脩受け賜ってきた勅書に、「三散禿魯兀等十処の女真人だけを招諭しろと」として、臣の父先臣恭靖王某が洪武二十一年に太祖高皇帝の聖旨を受けると、<u>公険鎮北側は再び遼東に付属させて、公嶮鎮南鉄嶺まではそのまま本国に所属させなさい。」</u>という事由を許諾した。

　この記録を見れば明らかに現在の豆満江を越えて700里余りを上がって公嶮鎮と先春嶺を訪ねて行く場面が出てくる。それもとても具体的に記録されていて否定し難い。この記録を根拠として、先春嶺は今のロシア地域、もしくは中国延辺の朝鮮族自治州北部地域のどこかではないか推測してみる。「世宗実録」に記されたこの内容は、朝鮮が中国と国境問題で揉めるたびに継続して議論されてきた。また、これを根拠に朝鮮は国境を守ったのである(34)。その例を次で確認できる (表3)。

　この記録を見れば朝鮮がこの公嶮鎮を根拠として明国を説得して国境線を確定するのが確認できる。このように確定した国境線は、朝鮮時代にずっと守られてきたが、豆満江北側は1908年に清国とロシアに帰属する。このように見ていくと、高麗の国境線は、今日の我々が知っているものとは全く違うということが分かる。

　ここで一つ留意しなければならないことは、尹瓘の9城が設置される前にはどうだったのかということである。つまり、遼国との国境線や金国初期の国境

線はどうであったかということである。遼国時代の国境線は先に比定された。金国の時はどうだったのであろうか。金国の時も遼国の国境線と似た線を維持していた。また『金史』の、女真と高麗の関係を整理した記録を見れば「女真は高麗に属していたが、完全に高麗の直轄ではなかった」。女真は完全な独立を要求していて、これに対し高麗は尹瓘を派遣して直轄地を作ったのである。このような過程を体験したので尹瓘が9城を設置した地域は、本来高麗の領土であったのである。高麗が攻撃して奪った土地ではないということである。このような過程を見る時、高麗の国境線は何百年間維持されてきたことが確認できる。だが、問題は元国が東アジアを征服して、高麗の西北および東北境界も大きな影響を受けたことだ。多くの高麗の土地が元国の影響圏に入ったのである。14世紀後半に高麗と明国が元国を追い出し、明国と国境協定を結ぶ過程では歴史を根拠として国境線を確定したのである。

結　び

　以上、文献記録を根拠として高麗の国境線を確認してみた。その結果、西北では現在の遼河を、東北では現在の中国、吉林省延辺朝鮮族自治州北部に達するということが分かった。この考証は『遼史』に記されている内容と一致することが分かった。
　また『高麗史』の記録は唐代の記録である高麗圖經の内容とほとんど似ていることが分かる。参考として唐代の記録である高麗圖經をもう一度検証する必要があると考える。(35)

　　『高麗圖經』「封境」
　　高麗は南に遼海と西側では遼水と北側では契丹の昔の地域と、東側では金（大金）と接している。また、日本の琉球、聃羅、黒水、毛人などの国と犬の奥歯（犬牙）のように互いにかみ合わさっている。ただ、新羅と百済が自分たちの領土を自ら守ることができず高麗の人々に併合されたので現在の羅州、広州道がそれである。
　　その国は宗の首都（京師）の東北側に位置していて、燕山道から陸路を経た後、遼水を渡って東へその国境まで行くのに全3,790里である。海道

では河北京東、淮南、両浙、広南、福建など、そのどちらにでも行ける。今建てられた国は登州、莱州、濱州、棣州と正確に向かい合う位置にある。

　元豊年元以後わが朝廷から使節を送る時には全て明州の定海から遠い絶海に道を定め北に行った。船を出港するのは、夏至次の南風に乗ったが風が順調ならば五日にならなく海岸に到着することができた。昔にはその領土が東西に2,000里余り、南北で1,500里余りだったが、今はすでに新羅、百済を併合して東側と北側が若干広くなって、その西北側では契丹と接している。以前には大遼を境界にして、（以前は遼と境界を成していた）が、後に侵犯されると来遠城を築ことになった。だが、やはり鴨緑を信じて要塞にしようとした。

この内容はまさに『高麗史』「地理誌」の序文とほとんど同じ内容である。しかし『高麗史』「地理誌」の内容よりさらに詳しい部分もある。このような記録を全て総合してみれば高麗の国境線は上のような地図になるだろう（図7）。

以上で今まで私たちが知っていた高麗の国境線は誤っていたことが分かった。正さなければならない。そしてこれを根拠として東北アジア史全体もまた正されなければならないだろう。

〈注〉
(1) 『高麗史』「地理志」序文
「顯宗初‚廢節度使‚置五都護‧七十五道安撫使‚尋罷安撫使‚置四都護‧八牧．自是以後‚定爲五道‧兩界‚曰楊廣‚曰慶尙‚曰全羅‚曰交州‚曰西海‚曰東界‚曰北界．惣京四‚牧八‚府十五‚郡一百二十九‚縣三百三十五‚鎭二十九．其四履‚西北‚自唐以來‚以鴨綠爲限‚而東北則以先春嶺爲界．盖西北所至不及高句‚而東北過之‚今略據沿革之見於史策者‚作地理志．」
(2) 李仁鐵「東北9城の位置に関する再考察」『古朝鮮研究』第3号、古朝鮮學會、2014.8
　　李仁鐵「高麗尹瓘が開拓した東北9城の位置研究」『鴨淥と高麗の西北界』周留城、2017
(3) 尹漢宅「高麗西北国境について―遼・金時期の鴨淥と鴨綠を中心に」『鴨淥と高麗の西北界』周留城、2017
(4) この説を強く主張する学者は丁若鏞が代表的である。彼は『疆域考』で渤海西京鴨綠部の位置を考証したが、丁若鏞のこの主張は後日、渤海研究に途方もない影響を与えた。この問題については他の機会に詳述する。
(5) 尹漢宅「高麗北界封疆について」『高句麗の平壌とその余韻』周留城、2016
　　復碁対「『新唐書』の賈耽「道理記」の再解釈」『人文科学研究』第57集、江原大学校人文科

第 5 章 高麗の国境に対する新しい比定

図 7　史料による高麗の国境線

学研究所、2018

南義鉉「中国の『中朝辺界史』を通じてみた韓中国境問題―『中朝辺界社』に対する批判と 14 世紀以前〈鴨緑水〉〈鴨緑江〉位置再考」『人文科学研究』第 57 集、江原大学校人文科学研究所、2018

(6)　尹漢宅「高麗西北国境について―遼・金時期の〈鴨渌〉と〈鴨綠〉を中心に」『鴨渌と高麗の西北界』周留城、2017

(7)　『元史』17「世祖本紀」13 至元 30 年（1293）2 月 24 日
詔沿海置水驛自耽羅至鴨渌江口凡十一所令洪君祥之

(8)　『元史』63「志」15「地理」6「征東等處行中書省」「高麗國」
三十年沿海立水驛自耽羅至鴨渌江并楊村海口凡十三所

(9)　『元史』208「列伝（熱戦）」95「外夷 1」「高麗」
其国都曰平壌城即漢楽浪郡水有出鞣鞨之白山者號鴨渌江而平壌在其東南

(10)　周向永 許超《鐵嶺的考古與歴史》遼海出版社、2010.166 頁

(11)　『新唐書』巻 43 下 志 第 33 下
登州東北海行,過大謝島,龜歆島,末島,烏湖島三百里,…(中略)…又過秦王石橋,麻田島,古寺島,得物島,千里至鴨渌江唐恩浦口,自鴨渌江口舟行百餘里,乃小舫泝（溯）流東北三十里至泊汋口,得渤海之境,又泝（溯）流五百里,至丸都縣城,故高麗王都,又東北泝（溯）流二百里,至神州,又陸行四百里,至顯州,天寶中王所都,又正北如東六百里,至渤海王城.

(12)　この根拠は契丹の時鴨渌府西側に扶余府を置いて契丹に備えるようにする記録がある。当時契

丹は今日内蒙古赤峰市林東県一帯である。それなら林東縣東側地域に扶余府がなければならなくて、その東部に鴨渌府がなければならない。そのために東遼河、西遼河が合わさるその付近のどこかであると推測する。

(13) 卜箕大「中国学界の契丹東側の国境認識について」『仙道文化』14 國學研究所
(14) 『中朝邊界史』は、歴代中国と韓国の国境史を研究した本である。この本では隋唐時代の鴨渌水は現在の鴨緑江で、薩水大捷の薩水は青川江で、遼水は遼河で、高句麗平壤城は北朝鮮平壤で認識して高句麗史を叙述した。
(15) 南義鉉「中国の『中朝辺界史』を通じてみた韓中国境問題—『中朝辺界史』に対する批判と14世紀以前「鴨緑水〈鴨渌江〉位置再考」『人文科学研究』第57集、江原大学校人文科学研究所、2018
(16) 南義鉉「中国の『中朝辺界史』を通じてみた韓中国境問題—『中朝辺界史』に対する批判と14世紀以前「鴨緑水〈鴨渌江〉位置再考」『人文科学研究』第57集、江原大学校人文科学研究所、2018.
(17) この戦争は韓国外交史で最も知られている「麗・遼１次戦争」である。
(18) この時、川が今日の鴨緑江として判断してすべての高麗の領域を鴨緑江東に判断することである。しかし、実状はそうではない。当時の記録を見れば今日の鴨緑江という記録はない。江東の６州とだけ記録されている。
(19) 『高麗史』3巻「世家」3・成宗
(甲午) 十三年春二月蕭遜寧致書曰：近奉宣命：「但以彼國信好早通境土相接雖以小事大固有規儀而原始要終 須｜須｜存悠久．若不設於預備慮中阻於使人．遂與彼相議便於要衝路陌創築城池者」尋准宣命自便斟酌擬於 鴨江西里創築五城取三月初擬到築城處下手修築伏請大王預先指揮從安北府至鴨江東計二百八十里踏行穩便 田地酌量地里遠近幷令築城發遣役夫同時下手其合築城數早奧回報．所貴交通車馬長開貢覲之途永奉朝廷自 協安康之計．」
(20) 『遼史』卷三十八「志」第八「地理志」二
「東京遼陽府．本朝鮮之地．周武王釋箕子囚．去之朝鮮．因以封之．作八條之敎．尙禮義．富農桑．外戶不閉．人不爲盜．傳四十餘世．燕屬眞番．朝鮮．始置吏．築障．秦屬遼東外徼．漢初．燕人滿王故空地．武帝元封三年．定朝鮮爲眞番．臨屯．樂浪．玄菟四郡．後漢出入靑．幽二州．遼東．玄菟二郡．沿革不常．漢末爲公孫度所據．傳子康．孫淵．自稱燕王．建元紹漢．魏滅之．晉陷高麗．後歸慕容垂；子寶．以文麗王安爲 平州牧居之．元魏太武遣使至其所居平壤城．遼東京本此．」
(21) この記録には韓国古代史を研究する時活用できる重要な資料がある。
(22) 『遼史』卷三十八「志」第八「地理志」二「- 東至北海烏虎克四百里，南至海邊鐵山八百六十里，西至望平縣海口三百六十里，北至挹婁縣，范河二百七十里．東，西，南三面抱海．」
(23) 推測が可能なことは遼陽から南に 860 里に鉄州があるという記録がある。この地域は今日大連市付近をいう。この記録を遼陽から遼東半島南端までに仮定するならば、現在の遼陽から大連までの距離を換算してみれば良いだろう。現在の距離は丹陽から大連までは約 300km である。換算してみれば100kmが 300里で見ると良い。これを根拠として400里を換算してみれば分かる。
(24) 『遼史』券 三十八、「志」第八、「地理志」二
「定州．保寧軍．高麗置州．故縣一．日定東．聖宗統和十三年升軍．遷遼民實之．隸東京留守司．統縣 一」
(25) 『遼史』券 三十八「志」第八「地理志」二
「定東縣.高麗所置.遼徙遼西民居之．戶八百．」

第 5 章　高麗の国境に対する新しい比定

(26) 『遼史』券 三十八,「志」第八,「地理志」二
「保州,宣義軍,節度.高麗置州,故縣一,日來遠.聖宗以高麗王詢擅立,問罪不服,統和末,高麗降,開泰三年取其保,定二州,於此置榷場.隸東京統軍司.統州,軍二,縣一」(保州)

(27) 『遼史』券 三十八「志」第八,「地理志」二
信州,彰聖軍,下,節度.本越喜故城.渤海置懷遠府,今廢.聖宗以地鄰高麗,開泰初置州,以所俘漢民 實之.兵事屬黃龍府都部署司.統州三,未詳；縣二.

(28) 『高麗圖經』「封境」
高麗南隔遼海 西距遼水 北接契丹舊地 東距大金 又與日本琉球聃羅黒水毛人等國 犬牙相制 惟新羅百濟不能自固其圉 為麗人所并 今羅州廣州道是也. 其國 在京師之東北 自燕山道 陸走渡遼 而東之其境 凡二 千七百九十里 若海道則河北京東淮南兩浙廣南福建皆可往 今所建國 正奧登萊濱棟相望

(29) この墜理圖は宋国の時に作られたと伝えられるのに概略は理解できるが詳しい部分では多くの問題がある。特に水路に対しては確実な知識がないことがわかる。他の歴史書物には明らかに表れる川の名前も具体的に記録できず「水」と書き込んでいて、大陵河は今日の鴨緑江に比定したこと等を見る限り、少なくない問題点がある。ただし大きい行政区域は錯誤が大きくない。小さい行政組織や川は誤差が多いと考える。だからと言って、南北が東西に変わる現象ではないだろう。したがってこの地図を利用するのは大きい枠組みで活用の意味がある。

(30) 尹漢宅『考慮国境で平和時代を尋ねる』トブルレン、2018

(31) チェ・キュソン「高麗初期の北方領土と構成の位置比定」『白山学報』第 76 号、2006

(32) チェ・キュソン「高麗初期の北方領土と構成の位置比定」『白山学報』第 76 号、2006
ユン・ヨドク「愁濱江・先春嶺に漂った千年の恨み」『北朝鮮』、2008 年.

(33) ある者はこの記事の信憑性に対して疑問を提起する。しかしこの記事は信憑性が高い『朝鮮王朝実録』の記録を基とする。朱元璋は公嶮鎮南の土地を朝鮮の領土と認定した。世宗はこの事実を根拠として臣下らと領土問題を議論した。したがって世宗代の朝鮮と明の国境が「公嶮鎮城」であった事実が明らかになる。チェ・キュソン、2002 年、前掲の論文

(34) 『新増東國輿地勝覽』巻 50「會寧都護府」
【古跡】公嶮鎮〔高嶺鎮で豆滿江を渡って古羅耳を越えて、五童站・英哥站を経由して蘇下江に達するが、川岸に公嶮鎮の旧跡がある。南側は具州・探州、北側は堅州と連接している。前掲の論文

(【古跡】公嶮鎮〔自高嶺鎮渡豆漫江踰古羅耳,歷五童站英哥站,至蘇下江,江濱有公嶮鎮古基,南隣具州 探州,北接堅州.〕).

(35) 『高麗圖經』「封境」
高麗南隔遼海 西距遼水 北接契丹舊地 東距大金 又與日本琉球聃羅黒水毛人等國 犬牙相制 惟新羅百濟 不能自固其圉 為麗人所并 今羅州廣州道是也. 其國 在京師之東北 自燕山道 陸走渡 遼 而東之其境 凡三千七百九十里 若海道則河北京東淮南兩浙廣南福建皆可往 今所建國 正奧登 萊濱棟相望 自元豐以後 每朝廷遣使 皆由明州定海 放洋絶海而北 舟行皆乘夏至後南風 風便不 過五日 即抵岸焉 舊封境 東西二千餘里 南北一千五百餘里 今既并新羅百濟 東北稍廣 其西北與 契丹接連 昔以大遼為界 後為所侵迫 乃築來遠城 以為阻固 然亦恃鴨綠 以為險也.

著者あとがき

　韓国史における主要争点の幾つかを選んで簡単に整理したのが本書である。選定したこれらの争点は、40年近く韓国史を学び、その間に中国に留学して得た知識と、現地調査などの経験を踏まえてのものである。筆者が選定したこれらの問題は、現在の韓国内でも多くの論争が行われている内容でもある。論争というものの一方は新しい根拠を絶えず出しており、他方は沈黙を続けているという状況である。しかし筆者の見たところ、遠からず元々記録された史料を根拠とする歴史の事実が普遍化されることだろう。それを信じてやまない。

　本書を執筆しながらくやしく思ったことがいくつかある。最初本書につながることになる執筆依頼を受けた時は、簡単な韓国史の読み物を書いてほしいという要請だった。肯定的な答えをした後、帰宅してから、ここ数年間日本を通して体験した出来事を振り返ってみた。かれこれ30回を超える日本訪問の間に、日本に対して多くのことを考えた。中でも在日同胞への思いが最も大きく心に残った。現地で出会った在日の方々と多くの話を交わした。彼らの祖先に対しても尋ねた。ここでその内容を全部語ることはできないが、私はその方々に無限の感謝とともに、また、申し訳ないと思う気持ちも抱いている。

　100余年前、様々な理由でその土地に定着した彼らは、その土地に足を踏み入れた時から、正しい教育を受ける機会がなかった人々が大部分であった。経済的には安定したとしても、彼らは祖国の歴史教育を正しく受けることができなかったのだ。何とも言えないみじめさと心の痛みが日本に行く度に募っていった。彼らにとって祖国はどのような存在であって、同胞3世、4世だということを主張しながら生きていくのか？　アメリカに住む同胞もそうなのか？　私が会ってみた在日同胞は真に謙虚であった。アメリカ同胞とは違っていた。もし、私がタバコをやめていなければ、同胞の方々と話す中で、より多くのタバコを吸って命を縮めていたことだろう。

　いつかは、同胞たちに韓国の歴史を正しく知ってもらいたいと考えていた。そして日本で使用している中高等学校歴史教科書を手に入れて読んでみた。日

本で教えられている韓国史は、まだ100年前の結果（記述）と同じであった。いろいろな思いがあって複雑な心境だった。その時、決意を固めるために、韓国で事業をなさっている在日同胞黄武栄会長と席をともにして、様々な話を交わし、私の計画を申し上げた。必ず、韓国の正しい歴史を教える本を書き、渡しますと約束をした。理由は、すばやく口外して誰かと約束をしておかなければならないような気がしたからである。口頭での約束は黄会長様と交わしたが、私の約束はすべての同胞の方々と、そして韓国史を正しく知りたいと思う多くの日本の人々に対する約束であった。

そのような約束をした後、少しずつ執筆する過程で李讃九博士からは韓国史関連の簡単な一片だけ書いてくれと頼まれていたのだが、どうせならと、書くついでに欲張って韓国史全般に手を広げてしまった。それであたふたとその間研究したものなどを新しく整理し、本書にまとめることになった。時間が足りなかったという物足りなさが最も大きい。

本書にまとめた内容は、韓国の正統性の問題である古朝鮮問題、そして日本人たちが主張する「韓国人は自立できない民族ということを強調するために焦点を当てた」漢四郡問題、古代日本が朝鮮半島に進出したという時期（任那日本府説）の伽耶の問題、そして半島史観成立のために作った高句麗平壌城と高麗の国境問題を中心に取り上げた。

真に衝撃的な話もあり得る。しかし史料に基づいた事実である。本書は関連史料を十分に検討して下した結論である。そしてこの検討は、筆者一個人がしたことではなく、多くの研究者が検討した内容を根拠とした結果である。したがって、本書で取り上げている話題に関して、その信頼性は相当高いと考えている。

本書の内容は一般の方々も理解できるようにわかりやすく努め、また、専門家にも活用できるレベルでまとめた。しかしある箇所で取り上げた問題は、具体的にしつこいほど整理し、その根拠も付しておいた。その理由は、もしかしたら日本人研究者が本書を読むことも考慮したためである。そのため過去の歴史で日本人研究者が歪曲をしたところは、かなり具体的に提示しているつもりである。

著者あとがき

　本書をまとめながら残念だったのは、時間と予算が差し迫る状況の下、いくつか重要な話題を取り上げることができなかったことである。特に新羅、百済、そして渤海関係、そして日韓の古代文化交流に関する内容を取り上げることができなかった。これらの話題が補完できれば韓国史理解の参考資料として内容がさらに豊富になるだろう。

　これから内容を一層補完し、資料の正確性と研究の信頼をより一層高める予定である。本書における新しい研究結果は、筆者個人の努力だけではなく、すべての研究は韓国教育部と韓国学中央研究院の韓国学振興事業団、そして韓国研究財団の支援（NRF-2014S1A5B4072398）で成り立った結果を基にしている。

　今後、機会があるならば、日本の在日同胞とも共同で韓国史を研究したいと切に希望している。何より、日本政府や教科書制作者関係者側もこれから正しい韓国史を日本人に教えてほしいと願うばかりである。

2018年秋　ソウルから　卜箕大

訳者あとがき

　本書は韓国ソウルにある社団法人民族魂運動本部の企画で、仁荷大学校卜箕大教授の韓国古代史に関する長年にわたる研究成果をまとめたものである。同本部は2007年から韓国政府の後援の下、毎年京都にある「耳塚」を訪れ慰霊祭を行ってきた。この「耳塚慰霊祭」は、韓国内の関係者をはじめ、在日コリアンと少数の日本人耳塚関係者や市民たちが出席する。日韓の歴史上における教訓として、耳塚慰霊祭を通して過去の歴史上における日韓相互の傷や痛みを和らげ、日韓、朝鮮半島の南北、東北アジア、さらには世界平和のために、自省を促し、相互の未来志向的・発展的関係を創造するための集いである。

　慰霊祭は韓国の伝統的な祭祀儀式と国立舞踊団による慰霊舞とともに関係者の祝辞が述べられる。また、耳塚慰霊祭を日韓の国民に広く知らしめるために、耳塚をめぐる国際シンポジウムの開催、耳塚の歴史的調査をまとめた冊子の刊行なども行われてきた。中でも慰霊祭の花でもある韓国伝統舞踊団による慰霊舞は、その間、韓国伝統舞踊の中の多様な慰霊舞も披露された。回を重ねるにつれ、京都をはじめ日本各地の宗教団体やその関係者の参加が増えてきたことと、慰霊祭自体が国際的文化交流や外交の場として定着しつつあるところである。

　耳塚慰霊祭が始まった頃はちょうど「韓流」ブームの時期であった。その間、日本のマスコミだけではなく、日本国内の各大学のアジア関係のカリキュラムの中でも「韓国の大衆文化」への関心が高まり研究も盛んに行われた。韓国ドラマやアイドルのイベントをめぐって日韓の間に多くの交流もあった。そのような流れは、現実の韓国政治や社会問題にまで素早く反映し、人々は韓国情報に親しく接するようになった。各大学の中に「韓国語・朝鮮語」の専攻や科目が増えただけではなく、日本人研究者の主催する日韓の問題や朝鮮半島をめぐる最もホットなイシューが韓国国内より熱く議論されるほどである。

　一方、「韓流」といううねりに惑わされ、韓国政府の事業は大衆文化をモチーフとするプロジェクトを優先した結果、正統的韓国史や古典的文化、学術的アプローチが軽視されてきたのではないかと懸念する。人々は韓国という対象を単純に感覚的な側面だけで理解してしまう風潮がある。

訳者は、2007年頃、在日コリアンの方々の有志による在日次世代コリアン学校（韓国国際学園・KIS）創設の際に、初の「朝鮮史」教員を務める幸運を得た。学生や父兄とも熱い情熱を抱いて始まった学校である。南北の統一した歴史教育を行うことを趣旨の一つとするこの学校において、朝鮮史授業は最も重要な科目でもあった。しかし、実際の歴史授業の現場は、まさに現実の日韓・南北の関係をそのまま縮小した複雑な空間で、幾つかのイデオロギーをめぐる熾烈なバトルもあった。その上、学生たちや学校運営側の現実は、歴史教育も重要であるが、大学入試のために必要な事項が優先される、さらに学校の財政的支援をめぐる日本・韓国政府や総連との関わりを複雑に背負わなければならない厳しい現実も抱えている。

　ちょうど「独島」問題が日韓を熱くし、大都市では在特会（在日特権を許さない市民の会）によるデモ行列が人々を傷つけていた。「独島」をめぐる家族の意見をまとめるという夏休みの宿題には、竹島は、日韓両国が仲良く共有すればいいとの意見もあった。ある学生から、世間では「韓流」だと騒ぎますが、「我々在日コリアンにとっては良いことはなにもありません」と聞かされた。その時、私はその意味を深く考えずにいたが、その後、その言葉は時より私自身の問いかけになった。10年が過ぎた現在、私は、その言葉を次のように自分なりに解釈している。2011年3月11日東日本大震災の時に、被災者たちが食事配給のため老若男女関係なく一列に整然と立ち並ぶ姿がニュース番組を通して全世界に流れた。当時その映像を目にした在外日本人の「日本人としてのプライドを感じた」というコメントに羨ましさを感じた。おそらく、その映像は反日を掲げている近隣の国々の人々にも日本国と日本国民を畏敬な対象として再認識したであろう。おそらく、その映像は反日を掲げている近隣の国々の人々にも尊敬すべき日本のイメージとして記憶されただろう。要するに、在外の同胞にとっては祖国の存在がどのような位相であるかが自身のアイデンティティーと直結しており、その思いを本国の国民がどれほど理解しているかである。最も、一国家（祖国）の国民教育によって培われてきた国民意識（国民性・民族性）の水準がいかに重要であるかを伝えたい。

　コリア国際学園でのもう一つの記憶は、学生たちは学校の校舎がまだ完成せず、入学式の直後、しばらくの間韓国京畿道の安城という多文化村の小さな教室で授業を受けることになった。学生たちは入学式の後そのまま船に乗って祖

訳者あとがき

国の地に足を踏み入れ、何ヵ月の間、都会を離れ彼らのドラマチックな生活が始まったのである。私は歴史集中授業のため2週間滞在した。ある日、多文化祭りの練習で学生たちの合唱「臨津江」は、私の涙腺を強く刺激した。「わが祖国南の地、思いははるか……」。初めて聞いた歌なのに。韓国人としての意識を揺さぶり、その間封じていた韓国国民としての意識の蓋を開けてしまった出来事であった。それは、私と同年代の韓国民ならだれでも共有する「国民教育憲章」に発する感情であった。

　要するに、韓国社会で小中高の間「国民教育憲章」を暗唱し育った人々が共有する韓国人としての魂同様、歌「臨津江」は日本社会で「分断祖国」を胸の奥に秘めて生きる在日コリアンの魂を表象する歌として、在日コリアンの共有の記憶であると言っても過言ではないだろう。

　「国民教育憲章」は当時、大学教員を中心に構成された基礎委員26人と審査委員48人が草案を作り、1968年11月26日国会で全員一致の同意により12月5日公布された。民族の主体性確立、伝統と進歩の調和を通した新しい文化創造、個人と国家の一体感を通した民主福祉国家の開化を中心としたこの憲章は、すべての国民が知っておくべき基本精神と実践目標になって普及された。

　憲章には国民としての義務と責任、自尊心、南北分断の状況を背負って生きる国民としての、自覚、各自が信念と誇りを持って進取の気象を鼓舞する名文が詰まっていた。「自主独立、人類共栄、各々の素質を啓発、創造の力と開拓の精神、公益と秩序、能率と実質、相互扶助、協同精神、<u>永らく子孫に受け渡す栄光な統一祖国、民族の知恵を集めて新しい歴史を創造しよう</u>」という筋である。憲章頒布とともに「国民教育憲章」を暗唱し、個人が国家の発展に貢献しなければならないと学び育った「当時の十代」は、植え付けられた国民意識の通り一所懸命に生きてきた。そのおかげで韓国は援助を受ける国家から援助をする国家へと変貌した。

　しかし、憲章公布から行われてきた教育部主管の記念式典は1994年に廃止となり、以後小・中・高の学校教科書から国民教育憲章は削除された。2003年11月27日大統領令第18143号に基づいて国民教育憲章宣言記念日も廃止された。国民教育憲章の廃止に至る経緯の中には、その内容が「皇国臣民ノ誓詞」と似通っているという口実もあった。日本の植民地支配から解放され、やっと自由民主主権国家の国民として生きるモットー（motto）であった憲章は、

再び日本を口実（反日）にして消されてしまったのである。

　そして、いつの間にか韓国では、英語教育強化のため、歴史の授業時間を週1時間に減らしてしまった。世界の先進国は週3～4時間で、日本でも中国でも歴史の授業時間を減らすことはない。「過去を記憶しない人々はその過去を繰り返す」という通り、現在の韓国はまさに韓国国民としての正当性に対する混乱と歴史教育欠如の危機に晒されている。もう一方では、コリアンの聖山として誰もが奉る白頭山が、本来のあるべき存在からかけ離れた色を帯びることにも注意を払わなければならない。在日の一人金基燦氏の著作『空白の北朝鮮現代史—白頭山を売った金日成』（新潮社、2003）を例としてあげておきたい。要するに、国家の存続と国家の根幹なる重要なモットーを為政者たちの意向によって簡単に壊してしまうミスはしてはいけないということである。

　一国の歴史的精神は、過去の歴史から学ばなければならないことであり、歴史というのは、ただ単に流れてしまった時間の過去でなく、その過去が照らす光によって現在を把握し、未来を見つめるべきものである。

　本書は2018年11月7日の耳塚慰霊祭行事に合わせるため1ヵ月も残っていない差し迫った状況の中で編集が進められた。編集の間、滋賀県立安土城考古博物館学芸課長田井中洋介様より資料の助けをいただき御礼申し上げる。本書の出版に尽力してくださった大韓民国京都府地方本部、前民団京都本部王清一団長に、企画・著者・訳者側による御礼の言葉を申し記しておく。

　差し迫った時間の中で、企画・著者・訳者・出版社が一つになって良い結果を出すために懸命に走った。まさに境界を越えての国際協調であった。編集の最中に中国調査現場に出かけた著者からの届いた風景写真も美しい。現在の朝鮮半島の南北に臨津江が流れ、それ以前には、中国と北朝鮮の国境沿いを鴨緑江と豆満江が、そのはるか昔は遼河を境界として眺め、生きてきた民族であるという思いに耽る。

　本書がコリアンの正統性はどこにあるべきかを考える基礎として、韓国史の正しい認識を共有するための一助になれば幸いである。同時に、コリアンディアスポラに纏わる在外コリアンの歴史にも目を配り、在日コリアンに対する正しい認識と理解も必要である。本書がその礎石になることを期待したい。

2018年11月　朴美貞

人名索引

〈あ〉
尹瓘　146-151, 152
乙支文徳　104, 116
右渠　53, 54, 64, 73
衛青　49, 50, 72
江上波夫　118-121, 125, 127, 131
淵蓋蘇文　107
王建　98, 115
王寂　80, 113

〈か〉
霍去病　49
賈耽　80-82, 85, 103, 139, 152
韓安国　50, 72
管夷吾　38
韓百謙　46
桓雄　12, 13, 40, 42
箕子　12, 14, 40-43, 46, 65, 113, 141, 154
箕準　51
堯王　12, 16
許穆　96, 115
金富軾　79
クリストファー・ベックウィズ　120
広開土大王　93, 94, 95, 111
高宗　15, 97, 112, 115
公孫賀　50, 72
故国原王　75, 86-88, 90-92, 95, 103, 108, 111, 113-114
権近　14

〈さ〉
崔溥　19
山上王　75, 84, 108, 109, 113
司馬遷　19, 59, 73
朱熹　14
朱蒙　17, 77, 80, 103, 112, 116, 124
渉何　55
小獣林王　95
正祖　103, 104
白鳥庫吉　76, 77, 80, 111
申商　96, 115
鄒牟王　75, 108, 114
西川王　90
関野貞　80
薛支　79, 80, 112
淵男生　44, 106, 107
桑弘羊　48, 53

〈た〉
檀君　4, 6, 11-15, 17-18, 40-44, 46, 87, 111, 131-132
中川王　90
忠烈王　102, 115
張騫　49, 52, 55
長壽王　71, 75, 94, 95, 97-99, 102, 103, 107, 108, 111, 112, 113, 116, 140
津田左右吉　4, 134, 135, 136, 146
丁若鏞　46, 71, 152
杜佑　80
董仲舒　48
東川王　13, 17, 75, 84, 85, 87-90, 95, 108, 111, 113, 114

〈は〉
美川王　88, 90, 114
比流王　43
武帝　43, 45, 48-51, 54-56, 64-67, 72, 73, 97, 126, 142, 154
平原王　75, 102, 103, 108, 116
烽上王　90
宝臧王　103
朴趾源　19
慕容翰　90, 91, 114
慕容皝　87, 88, 90, 91, 111, 114
慕容垂　43, 97, 115, 142, 154

〈も〉
孟子　14, 104, 116

〈や〉
米倉溝　89

〈ら〉
李奎報　138
李広　50
李勣　81, 112, 113, 124, 125
李承休　14, 18
李瀷　15, 46
琉璃王　75, 78-81, 108, 111, 112, 114
酈道元　96

〈わ〉
盧綰　43, 52, 62, 72

事項索引

〈あ〉
衛満　16, 39, 49, 51-57, 59, 62, 63, 72, 73, 125, 142
王倹朝鮮　12
オルドス　61

〈か〉
夏家店下層文化　21, 22, 26, 38, 44

管子　38
関市　50, 52, 54
漢書志　77, 112, 124
桓都城　17, 87, 90, 91
丸都城　84-87, 90, 91, 113, 114
漢四郡　45-74, 114, 125
魏　43, 66-69, 87, 90, 96, 97, 115, 142, 154

魏書　12, 40, 67
契丹　113, 134, 140-145, 151-155
騎馬民族　118, 119, 127, 131
疆域考　46, 71, 152
金史　137, 151
百済　13, 32, 65, 96, 118, 144, 151, 152
旧唐書　18

165

群馬県　127-130
元史　18, 19, 43, 97, 98, 115, 137, 153
玄菟郡　43, 45, 64, 65, 69, 76, 77, 97, 112, 114, 115, 124
弘益人間　13, 40-42
高句麗　13, 17-20, 32, 38, 46, 56, 58, 71, 73, 75-116, 118-122, 124-127, 131-133, 135, 137, 139-140, 142, 152, 154
江東6州　141
高麗史節要　102, 115, 147
高麗史　14, 41, 133, 135-138, 141, 144, 145, 147, 148, 151, 152, 154
高麗圖經　144, 151, 155
鴨緑江　80-82, 84-85, 87, 104, 109, 111, 125, 133, 135-139, 141, 143, 153-155
鴨緑水　98, 140
古記　12, 17, 40-43, 77, 112, 116, 124
国定教科書　16
国内城　75, 76, 79-81, 84-86, 90, 103, 108, 111, 113, 124, 125
古今郡国志　80
古事記　80
古朝鮮　11-44, 60, 73, 142, 152
紇升骨城　77, 80, 112, 124

〈さ〉
祭祀　22, 27, 96
三国遺事　11, 13, 16, 18, 40, 42
三国志　17, 43
三国史記　13, 17, 41, 75, 77-80, 84, 85, 87, 88, 90, 91, 95, 102, 103, 108, 112-116, 118, 122
山戎　28, 60
史記　19, 44, 59, 61, 63, 64, 72, 74
支石墓（ドルメン）　22, 28-29, 31-33, 36, 117
実学　14, 15, 109
儒学　14, 46, 48
周礼　66, 77
承政院日記　13-15, 41

商代　39
女真　140, 141, 146-148, 150-151
新羅　13, 32, 41, 68, 82, 83, 95, 96, 115, 116, 118, 131, 139, 144, 151, 152, 155
新羅本紀　13, 41
新唐書　81, 85, 103, 112, 113, 139, 140, 152, 153
真蕃郡　45
水経註　96
星湖僿説　15
世宗実録　13, 17, 96, 133, 136, 150
青銅鈴　29, 30, 35
性理学　14
山海経　19

〈た〉
大韓民国臨時政府　3, 15
大成洞　131
多鈕細紋鏡　29
薩水大捷　107, 154
檀君王俭　12, 18
朝鮮王朝実録　13, 14, 96, 155
墜理図　141, 144, 145
通典　40, 77, 80, 81, 112, 124
積石墓　127, 129, 130
帝王韻紀　14, 18, 41, 43
東胡　51, 53, 59-62, 73-74
東国史略　14
東国通鑑　14, 16
唐書　102, 103, 116
饕餮紋　38
東北9城　146, 149, 152
東明王篇　138
道理記　81, 82, 83, 102, 139, 152
独立宣言書　15
渡来人　126, 127, 132

〈な〉
日本書紀　118
熱河日記　19

〈は〉
馬紫水　81, 112
馬城子文化　22, 26
蛮夷　52, 53, 65, 72
琵琶型銅剣　29, 30
扶余（系）　32, 37, 41, 43, 57, 58, 65, 77, 112, 118-122, 124, 126-127, 131, 132, 153, 154
平壤城　12, 18-20, 75, 76, 87-91, 95-97, 99, 102-103, 107, 112, 114, 137, 140, 142, 153, 154
北烏魯虎克　142, 143, 154
渤海　17, 19, 20, 55, 64, 66, 78, 81-83, 85, 97, 112, 113, 115, 120, 136, 137, 139, 140, 143, 152, 153, 155

〈や〉
陽村先生文集　14, 41

〈ら〉
楽浪郡　45, 46, 48, 66, 68, 69, 71-73, 76, 80, 81, 90, 125, 126, 137, 153
喇嘛洞　122, 132
遼史　18, 19, 43, 88, 96, 98, 114, 115, 137, 138, 141-143, 145, 151, 154, 155
遼西　22, 28, 29, 32, 33, 39, 44, 50, 64-66, 72, 77, 78, 87, 107, 118-122, 125, 126, 131, 140, 143, 154
遼東行部志　80, 113
遼寧省　18-20, 22, 30-33, 35, 60, 62, 69, 71, 73, 76-78, 81, 82, 84, 85, 98, 102, 107, 113, 114, 121, 122, 131, 132, 141
遼寧省桓仁　76, 77, 78, 121
遼陽　18, 19, 35, 43, 84, 96-98, 101, 102, 108, 109, 111, 115, 138, 140-143, 145, 154, 155
臨屯郡　45

〈わ〉
濊貊　62

著者プロフィール

卜 箕大（ボク キデ・BOK Gi-Dae）

1963 年韓国生まれ。
韓国檀国大学校史学科卒業。中国遼寧大学校 歴史学科碩士。
中国吉林大学校考古学科博士。現在、韓国仁荷大学校大学院融合考古学専攻教授。
仁荷大学校古朝鮮研究所研究室長。朝鮮総督府編纂「朝鮮史」研究課題責任者。
日本、中国、ロシア、モンゴルと東北アジア古代史の共同研究を推進し、その責任者であった。
研究分野：東北アジア考古学および古代史
単著『遼西地域の青銅器時代文化研究』白山資料院、2002 年。共著『高句麗の平壌城とその余韻』周留城、2017 年。『鴨淥と高麗の北界』周留城、2017 年。論文、「試論紅山文化原始龍に対する再検討―孫守道の〈猪龍〉に対する批判的検討を中心に」白山学報、2007 年。「高句麗都邑地遷都に対する再検討」『檀君学研究』22 号、古朝鮮檀君学会、2010 年。「試論〈長白山〉と〈鴨淥水〉の位置検討」『仙道文化』13. 国学研究院、2012 年 など多数。

訳者プロフィール

朴 美貞（パク ミジョン・Park Mi Jeoung）

1963 年韓国生まれ。植民地問題研究。同志社大学大学院博士課程修了。芸術学博士（2005 年）。立命館大学客員研究員（2006-09 年）、国際日本文化研究センター研究員（2010-15 年）。京都大学講師。現在、アジア人文社会科学研究所所長、立命館大学非常勤講師。
著書『帝国支配と朝鮮表象―朝鮮写真絵葉書と帝展入選作にみる植民地イメージの伝播』（日文研叢書第 52 集、2014 年）。編著『日本帝国の表象―生成・記憶・継承』（えにし書房、2016 年）。主要論文に「植民地朝鮮の表象―植民地の学習と教育のテキストとしての非文字資料」（漢陽大学校東アジア文化研究 54 集、2013 年）、「朝鮮博覧会（1929 年）の文化住宅展示と京城の空間形成」（『東洋意識：夢想と現実のあいだ 1887-1953』ミネルヴァ書房、2012 年）、「李朝の女性たちとチマチョゴリの政治学」（『生活と福祉』ジェンダー史叢書・第 8 巻、明石書店、2010 年）など多数。

本書に掲載された論文は韓国教育部の基金助成で韓国研究財団の支援による研究成果である。(NRF2014S1A5B4072398)

韓国古代史の正体
忘れられた史実の真相

2018年11月20日 初版第1刷発行

- ■企画　사단법인 겨레얼살리기국민운동본부
- ■著者　卜 箕大
- ■訳者　朴 美貞
- ■発行者　塚田敬幸
- ■発行所　えにし書房株式会社
　〒102-0074　東京都千代田区九段南2-2-7 北の丸ビル3F
　TEL 03-6261-4369　FAX 03-6261-4379
　ウェブサイト　http://www.enishishobo.co.jp
　E-mail　info@enishishobo.co.jp

- ■印刷／製本　モリモト印刷株式会社
- ■DTP／装丁　板垣由佳

ⓒ 2018　Park Mi Jeoung　ISBN978-4-908073-60-1 C0022

定価はカバーに表示してあります
乱丁・落丁本はお取り替えいたします。
本書の一部あるいは全部を無断で複写・複製（コピー・スキャン・デジタル化等）・転載することは、法律で認められた場合を除き、固く禁じられています。